아내가 있는 풍경

전중호 수필집

이 자그마한 수필집이
부부의 사랑과 가족공동체의 회복을 위한
마중물이 되기를 소원합니다

프롤로그 … 6

 1부 아들의 편지

아들의 편지 … 10
세상에서 가장 행복한 이름 '하브' … 14
그 아버지의 그 아들 … 18
어머님! 그립습니다 … 22
엄마꽃 … 25
善浩야 안녕 … 28
며느리 사랑은 시아버지 … 31
아들에게서 배운다 … 35
슬지와 슬아를 서울로 보내며 … 37
심쿵한 고백 "사랑해 하브!" … 40
7박 무일 … 44
주말 우리집의 풍속도 … 49
최고의 아빠상 … 53

2부 아내는 나의 숨소리를 잡고

남편들이여 공짜는 없다 … 60

목련꽃의 영성 … 62

남편들이여 장미꽃식초를 사라 … 64

소월 선생의 시가 그립다 … 66

류현진 게임의 교훈 … 68

사랑하는 당신에게 … 71

체코, 평화로의 초대 … 75

버킷 리스트 … 94

사랑연습 … 96

내가 깰 걸 … 99

또 하나의 꿈 … 101

아내는 나의 숨소리를 잡고 … 106

봄을 부르려네 … 108

사진 이야기 … 112

풀의 시인, 김수영의 연인을 만나다 … 116

도전의 끝은 어디일까 … 120

3부 아내가 있는 풍경

아내는 늘 꽃소식이었다 … 127

우유니사막에서 … 133

배경화면 … 139

아! 타지마할 … 143

드림파크에서 … 147

꿈꾸던 산토리니 … 151

환희 … 157

유혹 … 161

4부 우리 잘 살았지요

최고의 내편 … 168

새해에는 이렇게 사랑하며 살고 싶다 … 171

남편죽 … 174

소확행(小確幸, 작지만 확실한 행복) 1 … 177

소확행 2 -처음으로 팥죽을 쑤었다 … 179

소확행 3 -사랑의 계기판 … 181

내 눈에 콩깍지 … 183

신랑짱 … 185

아내의 사랑은 싱겁지 않다 … 188

아내의 회갑을 축하하며 … 191

크리스마스트리를 정리하며 … 194

색다른 날 … 197

토란탕 … 200

아내에게는 아내가 없다 … 202

아내는 글도 잘 쓴다 … 204

양장피 … 208

우리 잘 살았지요 … 211

 에필로그 … 214

 프롤로그

  수년 전 어느 조찬회에서 낭송하다 눈물 흘렸던 시가 늘 가슴에 메아리로 남아 있다.

자운영
    -전중호

지리산 가는 길 아침 들녘
안개비에 피어 있는 자운영이여

관대한 사랑의 꽃말인양
땅을 위해 기꺼이 목숨을 내놓았다

아내는 자운영으로 살아 늘 죽었고
나는 자운영으로 살아 늘 새로워진다

그래서 미안하다

그래서 눈물이 난다

아내의 분홍무늬 웃옷마저

자운영을 닮았다.

  자운영은 땅을 위해 꽃다운 목숨을 바치고, 가난했던 시절, 나의 번듯한 양복을 위해 구멍난 양말을 기워 신던 아내는 지금도 날 위해 자운영처럼 살고 있다.

  연분홍 옷 색깔도 자운영을 닮은 사랑스런 아내에게 이 수필집을 바친다.

2023년 가을에

전중호

1부

아들의 편지

001

아들의 편지

　대학교 1학년을 마치고 군대 가기 전 봄날에, 인도 북부 여행을 떠났던 아들이 바라나시에서 편지를 보내 왔다.

　〈'나도 커서 아빠 같은 아버지가 될래요'라고 쓰여진 아들의 편지〉

　나는 아들의 편지를 몇 번이나 곱씹어 읽었다.
　읽을 때마다 가슴이 뭉클했다.
　나에게 벅찬 감동과 기쁨만이 아니라 아들의 편지는 나를 뒤돌아보게 하고 또 다른 부담감이 되어 나태해질 때마다 열심히 살도록 나의 삶을 일깨워 주곤 했다.

다감하셨던 선친께서는 일정한 직업이 없어 어머니는 평생 고생을 하셨다.

더구나 아버지는 마음이 약해서 남의 빚보증으로 있는 재산마저 모두 잃으셨다. 그 와중에도 아버지는 어머니의 만류에도 불구하고 사촌 동생까지 집에 불러들여 숙식을 같이 했다.

또한 찐빵을 팔면서 막노동으로 새로 마련한 구로동의 집마저 남의 손에 넘어가자 낙향하여 처가 신세를 지면서도 늘 호인(好人)으로 살아가셨다.

간경화로 오랫동안 병고에 시달리시면서도 아버지는 나에게 눈물 어린 선한 눈빛을 남기고 가셨다.

나도 결혼하고 아버지가 되었다.

그 옛날 군산 선창가에서 찌를 달고 새우 미끼로 망둥어 낚시를 가르쳐 주던 선친을 따라 나도 아들에게 낚시를 가르쳐 주었다. 서너 마리 잡은 망둥어를 저녁밥 지은 아궁이 군불에 구워주신 선친을 따라 나도 요리를 배워 비주얼도 근사한 해물찜을 해주곤 했다.

아들이 8월의 수시로 일찍 대학에 합격한 뒤로는 당구와 탁구를 가르쳐주고 틈나는 대로 사진 촬영법도 익히게 했다. 그래서 가족여행은 사진 여행이 되곤 했다.

학원 운영하랴 수업하랴 상담하랴 바쁜 일정이었지만 시간을 쪼개어 아들과 함께 보내는 시간을 가지려 나름 노력했다.

두 번의 조울증으로 입원과 실직을 반복하며 어려웠던 30~40대를 지나, 학원 경영으로 여유를 갖게 되어 정신적 물질적으로 느슨해질 때마다 편지 속 아들의 말을 기억했다.

내 인생 후반전의 8할은 아들의 편지 말에 부응하고자 최선을 다했다. 결국 66세의 늦은 나이로 식품 제조업에 뛰어들어 새벽부터 밤늦도록 꽃식초를 만들기까지.

이제 나도 아버지가 그립다.

어릴 적 내가 축농증으로 수술했을 때 밤늦게 병실에 오셔서 미깡을 입에 넣어 주시던 아버지가 그립다. 내 고향 군산이 생각날 때마다 선창가 부두에서 망둥어 낚시를 가르쳐주시던 다정다감한 눈빛의 아버지가 그립다.

먼 훗날,

나도 내 아들에게 그리운 아버지로 기억되고 싶다.

내 아들을 무척이나 사랑했던 아버지로 기억되고 싶다. 내 아들에게 열심히 살았던 아버지로 기억되고 싶다.

'아버지 나도 커서 아빠 같은 아버지가 될래요' 달콤하면서도 채찍 같았던 아들의 그 말을 가슴에 담고, 내가 아버지를 그리워하듯 아들에게 나도 선한 눈빛의 그리운 아버지로 기억되고 싶다.

세상에서 가장 행복한 이름 '하브'

퇴근길.

22개월 된 손녀들이 좋아하는 딸기를 사 들고 집에 들어서니 쌍둥이 손녀들이 한 손에 양말 한 짝씩을 들고 빙빙 돌리며 하브~~하브~~를 연호한다. 고 예쁜 병아리 입에서 숨차게 불러대는 "하브! 하브!"

'하브'는 아직 어려서 'ㄹ'발음이 서투른 어린 손녀들이 할아버지인 나를 부르는 호칭이다.

아들 하나만 키웠던 나는 늘 딸에 대한 아쉬움이 많았는데 고맙게도 며느리가 딸을 낳았다. 그것도 딸 쌍둥이로.

쌍둥이 보는 즐거움이 생활의 최애가 되어 버린 지 오래다. 하루하루 몰라보게 이뻐지는 손녀들이 나에게 주는 이 충만한 행복감!

매일 매일이 신기함을 넘어 경이로움이고 축복의 신세계 교향곡이다.

어느 목사님의 설교 중에 "손주를 보기 전에는 인생을 논하지 말라"고 한 말이 실감이 난다.

그런데 둘째 녀석이 감기에 걸리더니, 며느리도 심해져서 결국 코로나 검사까지 받게 되자 아들이 두 손녀를 인천 내 집에 데려다 놓고 갔다.

며칠 후 아들에게서 전화가 왔다.

아들도 열이 높아 회사에서 나와 코로나 검사 받으러 간다고. 가슴이 덜컥 내려앉는다. 아들은 그때까지 코로나 예방접종을 하지 않았기 때문이다.

꼼짝없이 아내와 둘이서 쌍둥이를 돌봐야 하는데 다행스럽게도 나를 잘 따른다.

밥을 먹을 때도 내가 있어야 먹고 산책을 나갈 때도 양말과 신발도 나에게 신겨 달랜다. 난감한 것은 똥을 싸도 기저귀를 나보고 갈아 달랜다. 잠잘 때도 할미는 늘 뒷전이고 서로 나하고 잔다고 난리법석을 떤다.

하는 수 없이 큰곰 인형을 가운데 두고 따로따로 재

우다가 녀석들이 잠들면, 아내가 첫째와 자고 나는 둘째를 안고 내 방에서 잔다.

　엄마 아빠 없이 재우다가 감기 들면 어쩌나 싶어 한 번 뒤척일 때마다 이불을 덮어주며 아파트인데도 문틈으로 들어오는 바람 막으려 이불을 방문 앞에 쌓아 놓는다.
　자다 보면 어느새 삥 돌아 손녀가 방바닥에 거꾸로 누워 있다. 깜짝 놀라 안아서 요 위에 누인다.

　새벽녘에 '하브 하브' 부르는 소리에 또 잠이 깼다. 꿈꾸는 모양이다.
　엄마를 찾지 않고 하브를 찾다니!
　나도 '하브 하브' 말하며 가슴을 도닥여준다.
　왜 이리도 이쁜지.
　어쩜 이리도 사랑스러운지.
　눈에 넣어도 아프지 않다는 말이 그대로 느껴진다.

　아들 내외가 10일만에 왔다.
　다행히 코로나는 아니고 감기가 심했던 모양이다.
　인천 하브집에 있는 10일이 지난 뒤, 손녀들의 변화

는 놀라웠다. 엄마 아빠가 안으려 해도 싫다 하고 나만 졸졸 따라다닌다.

 녀석들이 엄마 아빠 따라 서울집으로 돌아간 다음 날. '아버님! 둘째가 잠을 자다가 하브를 불러요'라는 며느리 카톡 한 구절에 내 가슴이 찡해온다.

003
그 아버지의 그 아들

얼마 전 아들에게 보냈던 카톡 메시지가 생각나서 다시 꺼내보았습니다.
'아들아 결혼하니 좋지? 아빠도 좋다!'
그런데 결혼식을 보면서 다시 카톡을 보내야겠다는 생각이 들었습니다.
'아들아 장가가니 좋지? 아빠는 더 좋다'

이렇게 아들 결혼식 날 하객들에게 인사말 서두를 꺼냈던 아버지.

아들이 대학 1학년을 마치고 인도여행을 하면서 보내온 메일 중,
'나도 커서 아빠 같은 아버지가 될래요'
라는 글귀로 지금까지 감동을 주는 내 아들.

그 아들과 며느리가 아내의 생일을 축하하며 아내에겐 화장품을 나에겐 카페에서 입는 청바지와 하얀 와이셔츠를 사들고 와, 저녁을 먹고 활짝 웃는 모습까지 남겨주고 갔다.
아들만 생각하면 흐뭇하다.
아들만 생각하면 힘이 난다.
아들만 생각하면 행복에 겹다.

내일 아내와 함께 떠날 가을 여행의 아름다운 서곡 같은 아들 내외의 방문이다. 아들의 방문은 늘 우리 내외를 행복하게 하고 웃음과 추억을 동반하게 한다.

아들이 대학생이던 시절, 내 생일에 보내왔던 깨알같이 쓴 아들의 편지를 또 꺼내 읽어 본다.

To. 사랑하는 아빠!
어느덧 제가 미국에서 온 지 1년이 지났네요. 정말 길다고 느껴졌던 두 학기도 순식간에 지나가 버리고 겨울 방학이에요.
지난 1년은 저를 돌아보게 하는 한 해였어요. 제가 얼마나 어리고 부족한 게 많은 아이인지 깨닫게 되었고 또 그것들을 통해 더 하나님께 나아갈 수 있는 시간도 많았어요.

지난 한 해를 돌아보니 역시 가장 먼저 떠오르는 것은 가족이었어요.

가족의 개념이 다 그렇겠지만 특히 저에게 부모님은 특별한 분이셨어요.

저만큼 엄마 아빠의 크신 사랑을 받고 자란 사람은 흔치 않을 거예요. 엄마 아빠랑 같이 갔던 여행, 또 제가 병원에 입원해 있을 때 하루도 자리를 비우지 않았던 엄마, 아빠.

저의 힘들거나 즐거운 일에 항상 엄마와 아빠가 있었어요. 엄마 아빠에게 감사한 것이 많아서 그런지 전화라도 몇 통 더하고 문자라도 몇 번 더 보냈더라면 하는 아쉬운 마음이 드네요.

특히 아빠는 저에게 항상 기댈 수 있는 든든한 방파제였어요. 아빠를 떠올리면 하하하 하는 웃음소리와 아무 말 없이 미소 짓는 모습이 떠올라요. 제가 아빠를 필요로 할 때 아빠는 늘 그곳에 계셔 주셨고 아빤 항상 저에게 편안한 모습이셨거든요.

음… 아빠는 지금 생각해보면 목도리 같은 느낌이에요. 목도리 하고 있을 땐 내가 따뜻하다는 것도 잊고 있지만 가끔씩 찬 바람이 불어올 때에는 목도리 없었으면 큰일날 뻔했네 하게 되잖아요. 또 목도리는 눈으로 볼 수 없는 부분까지 가려주고 원할 땐 나를 멋지게 꾸며주기도 하고,

정말 아빤 겨울철의 목도리 같은 분이세요.

아빠가 절 얼마나 사랑하시는지 제가 다 헤아릴 수는 없겠지만 한 해 두 해 나이가 들어갈수록 그 깊이를 알아 가는 것 같아요.
아빠 정말 사랑해요.

해피벌스데이투유.

ps. 사람 많은 지하철에서 눈물 훔치며 아들이 편지 썼어요.

004

어머님! 그립습니다

  오늘처럼 쌀쌀한 초겨울이었습니다.

  엄마는 한 짐이나 되는 빨랫거리를 머리에 이고 여느 때처럼 도림천 빨래터에 종종걸음으로 가셨죠. 11살 먹은 소년은 뒤를 따라 나섰습니다. 살얼음이 둥둥 뜬 시린 물로 빨래를 시작했습니다. 고무장갑 하나 없어 어머니 손은 이내 빨개졌지만 쉬~쉬~ 소리를 내시며 그렇게 두어 시간이 지났습니다.

  그런데 갑자기 함박눈이 펑펑 쏟아지기 시작했죠. 어머니 어깨 위에도 눈이 쌓이기 시작했습니다.

  소년은 주위를 둘러보다 찢어진 우산을 얼른 주워 들고 김이 모락모락 나는 엄마 어깨 위로 내리는 눈을 가렸습니다.

  한참이나 눈이 내리는 동안 우산을 받쳐 들고 있던

어린 소년은 다짐했지요.
'엄마! 평생에 엄마의 큰 우산이 되어 드릴께요.'

그리고 그 소년은 결혼을 하고 40대 50대를 지나 중년의 삶을 거치는 사이, 어머니도 어느덧 팔순을 넘기셨습니다.

젊어서는 150센티도 안 되는 작은 키로 무거운 책받침을 머리에 이고 허기진 채 밤이 늦도록 행상을 하셨던 어머니.

60이 넘어서는 남편의 오랜 투병과 6남매를 키우고 가르치다 생긴 빚이 많아지자 자식들에게 부담을 주지 않겠다며 무릎이 닳도록 보험회사 문턱을 오르내리셨던 어머니.

자식들 먹이느라 좋아하시던 고기반찬 하나 제대로 입에 넣지 못하시던 한 많은 내 어머니!

운명하시던 전날 아침, 어머니는 병상에 누워 가쁜 숨 내 쉬며 아들을 쳐다만 보셨습니다.

어머니 죄송해요.
차 사면 어머님 모시고 여행하고 싶었는데…

어머님 생각나면 불쑥 찾아가 하룻밤 손 꼭 잡고 지내고 싶었는데…
그 긴 외로움을 어떻게 보내셨어요.

어머니는 눈물만 흘릴 뿐 아들을 하염없이 바라보기만 하셨습니다. 그제서야 아들은 어머니 눈물의 의미를 읽을 수 있었습니다.
어머니는 속죄하는 아들 마음 이미 헤아리시고
'아들아. 네게 짐만 되었구나. 그러나 너를 무척이나 사랑했단다.'
어머니는 그렇게 하늘나라로 가셨습니다.

어머님! 용서하세요, 어머님! 용서하세요.
어릴 때 어머니의 큰 우산이 되겠다고 다짐했던 아들의 손엔 앙상한 우산살만 초라하게 들려져 있었습니다.

어머니! 지금도 눈이 오면 그 빨래터가 그립습니다.

사랑하는 어머니를 보내고
2010년 12월 14일 이른 아침에

엄마꽃

어제 누나가 지하철 벽면에 붙어 있는 시를 사진 찍어 가족 단톡방에 올려 놓았다.

엄마

가슴이 시리면
피는 꽃

가슴이 따뜻하면
피는 꽃

가장 보고 싶은 꽃
"엄마"

시를 읽으며 보다 울고 보다 울다 나도 글을 쓴다.

울 엄마꽃

육 남매 거둔 거친 손에
피는 꽃

굽어진 허리에
피는 꽃

가슴앓이 끝나야
피는 꽃

죄스러워도 보고픈
엄마꽃

세상에서
가장 아름다운 꽃
울 엄마꽃

콩나물국에 마아가린 한 스푼 휘저어 놓고 밥 한 덩

이 말아 김치 얹어 먹으면 최고의 밥상이었던 시절. 지금은 무청 시래기밥을 별미로 사 먹지만, 쌀이 없어 가마솥에 배추 시래기 깔고 연기 호호 불며 군불 지펴서 밥을 지어야 했던 시절, 아버지는 간경화로 오랫동안 병원을 전전하시던 시절.

   엄마는 밤새 가슴앓이로 긴 밤을 지새우고 미음 한 종지로 속을 달래셨다.
   다음 날 아침, 5척 단신의 구부정한 몸으로 말없이 무거운 책받침을 머리에 이고 김 보따리를 들고 며칠씩 행상을 나가셨던 울 엄마.

   내가 결혼해서는 셋방살이하는 아들 집에 오실 때마다 "서울에는 집도 많은 데 우리 아들은 왜 집이 없나?" 속상해 하시던 울 엄마.

   살 만하실 때 엄마는 아버지 따라 김제 선산에 묻히시고 10년이 지났건만 아들 가슴엔 시들 줄 모르는 엄마꽃.

善浩야 안녕

선호가 갔다.
막내 동생 선호가 하늘 나라로 갔다.

이 아름다운 푸른 하늘을 볼 수 없다니.
불어오는 바닷바람을 느낄 수 없다니.
부산진역 노숙자에게 사랑을 줄 수 없다니.
사랑하는 외아들을 안아 볼 수 없다니.
그토록 사랑만 받아온 남편을 불러 볼 수 없다니.
 의식은 사라져가면서도 오빠의 말에 눈을 깜빡이는 것으로 안녕을 말하며 동생 선호는 하늘나라로 돌아갔다.

 형도 쓰린 가슴 안고 글을 보내왔다.

눈물이 바다를 이루려면
눈물 한 방울의 크기가 이만하면 되려나?

내 속에 잿빛 겨울 바닷물이
썰물 되어 빠져나가고
텅 빈 마음의 들판에
밤새 찬바람 소리가 들리더니
점점 더 가슴이 터질 듯 저려 오네

싸늘하게 식은 얼굴이 너무도 고와서
더 슬펐던 사랑하는 선호.
내일이면 그 몸마저
영영 떠나 보내야 하다니…

하늘이시여
뒤돌아서면 흔적 없이 녹아내리는
하얀 눈꽃으로라도
적막한 이 가슴을 메워주소서.

선호야!
며칠 전 꿈에서 본 아빠가 보고 싶다 했는데 이제

아버지를 실컷 볼 수 있어 좋겠구나. 밤새 통증으로 언니와 함께 기도하며 밤을 지새던 고통이 없어졌으니 좋겠구나. 10년 전에 소천하신 엄마가 맘 한 켠에 쓰리게 자리 잡았는데 이제 툴툴 털어 버리고 엄마 품에 안길 수 있어 좋겠구나. 목소리가 나오지 않아 레슨할 수 없어 걱정 많았는데 이제 맘껏 하나님을 찬양할 수 있어 좋겠구나.

  폐암이라 판정받고 6개월은 너무 짧았다. 이별 연습도 못하고 황망히 너를 보내다니… 목도리가 좋다는 나의 말 한마디에 네가 벗어준 카키색 목도리를 오늘도 두르고 너를 생각한다.
  나도 머지 않아 너의 곁으로 가겠지. 네가 못다한 몫까지 네 이름 선호(善浩)처럼 착한 일 많이 하고 갈게. 무엇보다도 형제들에게 나눈 사랑을 잊지 않을게.

  아무리 둘러봐도 암만 생각해도 착한 내 동생. 빈소 안내판에도 제일 예쁘더니만 활짝 웃는 너무나도 예쁜 사진 앞에, 하이얀 국화 한 송이 올려 놓고 긴 이별을 한다.
  선호야 안녕!

며느리 사랑은 시아버지

'진희야 몸은 어떠니?
허리는 괜찮니?
딸 쌍둥이 6년 거둔 고초가
허리에 앉았구나.

그래도 두 손 모아
엄마 빨리 낫게
해달라고 기도하는
딸들이 있어
외롭지는 않겠지?

오늘도 너의 안부를
주님께 알리며
톡을 보낸다.'

유치원생인 딸 쌍둥이 건사하며 회사 일까지 야무지게 해내던 며느리가 갑자기 허리가 아파 일어나지 못한 채 119 구급차에 실려 갔다고 한다. 가슴이 철렁 내려앉는다.

아내는 아침에 아들에게서 걸려온 전화에 부랴부랴 서울로 가서 손녀딸들을 데리고 왔다.

다행히 4일 후에 며느리는 퇴원했다.

카톡 답장이 왔다.

'아버지! 저 이제 진짜 사람되었어요. ㅎㅎ

걷는 것도 앉는 것도 아주 잘 하고 있어요.

슬지 슬아 기르고 입힌 건 8할이 아버지 어머닌데, 제가 왜 갑자기 탈이 났는지… 머쓱해요. ㅎㅎ

아마 운동을 안 해서 그런 거 같아요

완전 괜찮아지면 운동 시작하려구요! ㅎㅎ

걱정해주시고 안부 물어 주셔서 감사해요.

이번 주말엔 건강한 모습으로 뵐게요. ^^'

며느리는 심성이 곱고 착하다.

쌍둥이 키우기도 힘들 텐데 '빨리 자라는 것이 아

쉽다'고 하며 지금 딸들의 모습을 간직하기 위해 시시콜콜히 동영상을 촬영해 둔다.

덕분에 아침마다 유치원 가는 쌍둥이 손녀들의 모습을 동영상으로 보며 하루를 시작하는 즐거움을 누린다. 이게 다 며느리가 우리 내외에게 주는 행복의 일상이다.

지난 설날에는 세배를 마친 후에 아들이 보약상자를 내민다. 약봉지마다 현금과 함께 글이 써 있다.

엄마가 최고야
아빠 사랑해요
엄마 사랑해요
오래오래 만수무강
할미 사랑해요
하브 사랑해요
아들 하난 잘 키웠다
아들이 드리는 뇌물
꽃보다 고운 울 엄마
보약 같은 자식

효도의 완성은 현금

엄마 비상금

예쁜 며느리가 쏩니다

이렇게 참하고 재치있고 착한 며느리다.
없는 딸 하나가 생긴 듯하다.
오늘은 화이트데이인데 주말에 오는 며느리 몫까지 두 개의 사탕 선물을 준비해야겠다.

아들에게서 배운다

　새벽에 속을 달래려고 우유를 마시러 방문을 열었다. 거실엔 아들이 배만 가릴 만한 작은 아기 이불을 덥고 팔을 벤 채 자고 있다.

　내일 새벽 출근을 위해 거실로 잠자러 나왔다가 베개를 못 챙긴 아들은 다시 방으로 들어가지 못했다고 한다.

　100일 된 딸이 깰까봐.
　그래서 아내가 깰까봐.
　그래서 아내가 힘들까봐.

　어린 딸과 아내에 대한 배려를 넘은 아들의 사랑이 밤새도록 팔을 베고 웅크린 채 자고 있는 것이다.

쌍둥이 손녀딸과 맞벌이하는 아들 내외가 집에 들어 온 후로 아내는 둘째 손녀와 함께 잔다. 새벽에 깨면 같이 깨고 칭얼대면 잠들 때까지 업어주고 또 울면 자다 말고 일어나 우유 먹이고.

아침잠이 많은 아내인데.
가뜩이나 바쁜 아내인데.
밥도 많이 먹지 않는데.
힘들어서일까 잠마저 제대로 못 자서일까.
예쁜 얼굴이 안됐다.

그런데 나는 안방에서 홀로 편안히 자고 있다.
그리고 점점 일과성이고 의례적인 이벤트를 사랑이라고 얼버무리고 있다. 아내의 숙면을 위해 베개 없이 팔 베고 잠을 자본 일은 있는지… 미안하다.

가을이 됐다고 내가 좋아하는 곰국을 끓이기 위해 사골 삶는 냄새로 가득한 아내의 사랑을 나는 무엇으로 보답할까?

젊은 아들에게서 아내 사랑법을 다시 배운다.

슬지와 슬아를 서울로 보내며

 태어난 지 80일도 안 된 여린 생명으로 내 집에 왔던 쌍둥이 손녀딸 슬지와 슬아야!

 세상에 이토록 커다란 축복이 있을까.

 경이에 두근거리는 가슴을 진정하며 안기 위해서는 먼저 손을 깨끗이 씻어야 했고 목을 가누지 못해 늘 오른 팔로 감싸 안아야 했지.

 그렇지만 백일 기념 사진을 밤마다 보고 또 보며 할아비와 할미는 얼마나 흐뭇했던지.

 잘 자라준 가을이, 다을이(손녀의 태명)가 얼마나 예쁘고 사랑스럽던지.

 우유를 잘 먹어도 기쁘고, 잠을 잘 자도 신통하고, 똥을 싸도 어이쿠 잘했어요, 처음 뒤집기에 성공했을 때는 금메달을 딴 듯 엄마 아빠 모두가 환호성을 올

렸단다.

  가끔은 감기와 설사로 힘들었지만 약도 잘 먹고 200일을 넘겼구나. 하브 왔다고 두 팔과 두 다리를 흔들며 격하게 기뻐하던 슬지야 슬아야! 너희들은 할아비의 커져가는 가장 큰 소망이란다.

  어제도 식당에서 밥을 먹는데 아기를 안고 있는 젊은 엄마가 식사하고 있어 몇 개월 됐냐고 물어 봤지. 23개월째라고 말하는데 아이가 숙녀 같더라. 우리 슬지 슬아도 3살이 되면 얼마나 이쁠꼬?
  하브는 아마도 시도 때도 없이 서울로 우리 애기들 보러 갈 것 같다. 무게 잡던 중년 신사는 어디 가고 손녀 사랑에 푼수가 되어가는 할아비구나. 그런들 어떠리 저런들 어떠리. 내 새끼 내 손녀가 이리도 이쁜데.

  아빠는 슬지와 하브 방에서
  엄마는 피아노 방에서
  할미는 슬아와 안방에서
  모두가 피곤했던지 낮잠을 자고 있구나.
  갑자기 텅 빈 거실이 우리 슬지 슬아가 떠난 뒤의 허전함을 예고하는 듯했지만 내년 이맘때쯤은 이곳에서 맘껏 뛰놀 너희를 생각하니 오히려 기쁘다. 진짜란다. 할아비의 소원은 우리 손녀딸들이 대학생이 되면 캠퍼스 잔디밭에서 너희와 함께 덩실덩실 춤을 추는 거란다.

슬지야! 슬아야!
엄마 아빠가 있는 서울집으로 잘 가거라. 그리고 아빠 엄마에게 더 예쁜 꽃이 되거라. 하브는 너희를 만나러 갈 때 너희들이 무서워하지 않도록 만세 삼촌처럼 안경은 쓰지 않겠다. 할미처럼 화장을 안 하니 하브는 잘 알아보겠지? 혹시 모르니까 슬지와 슬아가 잘 알아볼 수 있도록 늘 입던 빨간 쉐터 입고 갈게.

아마 오늘 밤에도 우리 가을이 다을이 사진 보며 잠을 잘 거다. 우리 예쁜 슬지, 슬아 잘 자라도록 하나님께 기도할 거다. 그리고 꿈속에서 우리 예쁜 손녀딸들 보게 해달라고 기도할 거다.

나의 천사, 나의 손녀
슬지와 슬아의 영원한 팬 할아비가 쓰다.

심쿵한 고백 "사랑해 하브!"

"사랑해 하브! 내가 뽀뽀해 줄게"

오후에 내린 비로 네 살배기 손녀 쌍둥이의 귀갓길이 늦어진 일요일 저녁, 아들 차의 창문을 열고 좌석에 앉아 있던 둘째의 머리를 쓰다듬자 부끄럼 많은 손녀가 나직히 나에게 한 말이다.

순간 가슴이 쿵하다. 그리고 저녁 내내 흐뭇하다.
"사랑해 하브! 내가 뽀뽀해 줄게!"
칠순을 바라보는 때 늦은 이 나이에 이런 달콤한 사랑의 고백을 듣는 행복감이라니…

아들이 결혼하기 전에는 손주 보는 일이 없을 거라고 공언했던 아내였지만, 아내의 공언(公言)은 고대하던 손녀가 태어난 후에 어물쩍 그야말로 공언(空

言)이 되어 버렸다.

　쌍둥이를 키우며 맞벌이하는 아들 내외가 보기 딱했던지, 금요일 오후 2시까지 생활지도사로 바쁜 날을 보내는 아내가 큰 결심을 했다.

　아들이 퇴근하기 전, 금요일 오후에 서울에 있는 어린이집에 가서 쌍둥이를 데려오기로 한 것이다.

　그 후부터 아들 내외는 금요일 저녁엔 자기 집에서 휴식을 취하고 토요일 오전에 인천의 내 집에 내려와

주말을 3대가 같이 보내고, 일요일 저녁 식사 후 서울로 돌아간다.

한 배에서 태어난 쌍둥이인데도 이란성이어서 그런지 얼굴뿐만 아니라 성격도 많이 다르다. 첫째는 시원시원하고 활동적이고 목소리도 걸걸하고 '입이 커서 혼자 밥도 잘 먹는다'고 말하는 모범생이며 공룡 중에도 사나운 티라노 사우루스를 좋아하는 손자다운 손녀.

그에 비해 둘째는 목소리가 은방울이 굴러가고 성격은 내성적이며 애굣덩어리여서 천생 여자인 데다가 밥은 옆에서 먹여줘야만 먹는 공주과다. 틈만 나면 엄마 무릎에만 털썩 앉아 있는 엄마 껌딱지다. 둘째가 늘 엄마 품을 독차지하고 있어 오히려 첫째가 안쓰러울 때가 많다.

인천에 와서 금요일에 잠잘 때는 할미가 읽어주는 동화책 소리에 쌍둥이가 할미와 함께 잠을 자더니 어느 날 갑자기 둘째가 내 방에 와서 자겠다고 떼를 쓴 후로는 으레 내 방에 와서 잠을 잔다.

지난 주 금요일엔 아들이 왔는데도 아빠랑 잠을 안

자고 나한테 와서 자더니 어제 저녁은 며느리가 왔는데도 엄마 껌딱지가 내 방에서 자겠다고 늦도록 잠을 안자고 울고 있어 안고 와 내 옆에 재웠다.
"하브하고 잘 거야"
막무가내 떼를 쓰던 귀염둥이 슬아!
평화로이 잠든 얼굴이 너무 예쁘다.

아이들이 간 뒤 거실을 정리하다가 "사랑해 하브 뽀뽀해 줄게" 말했던 둘째 슬아(내가 딸을 낳으면 '슬아'라고 부르려고 지어 두었던 이름이다)를 떠올리며 소파 위에 있는 토끼인형을 내 방에 갖다놓았다. 슬아는 토끼를 좋아하기 때문이다.

피붙이란 이다지도 살가운 것인가?
손녀들이 서울집으로 돌아간 뒤에도 녀석들이 남긴 손짓 발짓과 웃음소리가 곳곳마다 가득히 배어있는 행복한 일요일 저녁이다.

7박 무일

　아들 가족과 함께하는 첫 외국 나들이다.
　쌍둥이 손녀는 카트에 올라 타고 승강장을 누비며 신바람이 났다. 비행기 안에서는 엄마 아빠에 기대어 잠도 잘 잔다.

　다음날 손녀들은 레스토랑에서의 첫 아침 식사인 뷔페 음식 중 쌀국수도 잘 먹는다. 숙소가 8층이라 전망도 좋고 객실은 6식구가 사용하기엔 넓은 80평이나 된다. 녀석들이 잘 뛰어 놀 수 있어 흡족하다. 값은 한국의 1/3도 안 된다고 아들이 말한다.

　이번 여행은 참 편하다. 아들이 숙소와 이동할 차편까지 모두 예약하고 가이드 역할을 해주니 아무런 생각 없이 아들이 이끄는 대로 움직이면 된다.

 아들을 바라만 봐도 믿음직스럽다.

 더욱이 아들 내외가 맞벌이 하면서도 내가 영화 좋아한다고 작년 내 칠순에 75인치 TV를 선물했다. 그러고도 맘에 안 찼던지 며느리가 나서서 7박 8일의 가족여행을 오게 되어, 이번 여행은 마음도 흐뭇하다.

눈에 넣어도 아프지 않을 손녀들과 함께 한 여행이니 더 말해 무엇하랴.

몇 년 전 터키에서, 반나절 짬이 나서 아내와 함께 관광지인 섬에 들어갔다가 제대로 밥도 못 먹고 나온 적이 있었다.

이스탄불에서 가까운 섬이라서 식당 안은 초만원이었다. 종업원이 여러 가지 음식을 담은 커다란 쟁반을 들고 와서 먹어보고 시키란다. 음식이 소량이고 맛도 괜찮아서 그중 5가지를 시켜 먹고 있다가 옆 테이블을 보니 고기와 생선이 푸짐하다. 종업원에게 저것은 무엇이냐고 물었더니 메인디쉬라고 말하며 음식 주문을 요구한다. 식사량이 적은 우리는 배가 불러 결국, 맛보기 음식만 참새처럼 쪼아 먹고 주요리는 구경만 하고 왔다.

이렇듯 외국 여행에서 가장 불편한 점은 소통의 어려움이다. 아내와 둘이서 여행할 때는 메뉴판 그림을 보고 옆 사람이 먹는 것과 같은 것을 달라고 손짓 발짓으로 시켜 먹었는데, 이번 여행은 아들이 메뉴판의 음식에 대한 설명을 해줘서 나의 식성에 맞는 것을 골라 먹을 수 있었다.

나이 더 들기 전에 아들과 함께 유럽 여행을 다시 가봐야겠다.

바다가 보이는 야외에 널따란 수영장이 있어 손녀들은 신이 났다. 지난 가을부터 수영강습을 받은 덕분인지 비록 튜브를 목에 걸었지만 발을 구르며 왔다 갔다 제법 잘 한다. 첫째 녀석은 누워서 배영 흉내도 낸다.

바쁜 회사 일로 늘 피곤해 하는 며느리다. 여행 오기 며칠 전, 점심에 성게알 비빔밥을 먹고 식중독으로 고생했던 며느리도 언제 그랬냐는 듯 짧은 하얀 바지에 화려한 무늬의 원피스를 받쳐 입고 밝게 웃는다.

사실 아내가 제일 속이 편하다.

여행 오기 전날 아홉 달째 공실이었던 건물에 교회가 들어와 한시름 덜었고, 지금까지 외국 여행을 나갈 때마다 항공 이동 편을 포함한 모든 스케줄을 아내가 짰는데 이번엔 아들이 도맡아서 하니 아내는 그

냥 여행을 즐기면서 쉬기만 하면 되기 때문이다.

   나도 오랫만에 여유로운 휴식을 즐겼다.
   모처럼 손녀들의 사진도 찍고 함께 물놀이를 했다. 맛있는 식사를 하고 좋아하는 망고도 실컷 먹고 시원한 객실 안 침대에서 유튜브도 보며 낮잠도 자면서 글도 쓰고… 참 좋다.

   아들 내외가 오후에 장보러 갔다 온다더니 냄새가 고약해서 호텔에서는 반입도 안되는 두리안을 비닐봉지에 꽁꽁 싸서 들고 왔다. 두리안을 좋아하는 나를 위해 며느리가 깜짝쇼를 벌인 것이다.
   아내와 나는 바닷가로 나가 야자수 아래의 그늘진 벤치에서 밀려오는 파도를 바라보며 저녁 대신 두리안을 먹었다. 아내도 맛있는 듯 며느리의 사랑을 잘도 먹는다.

   7박을 했는데 시간이 멈춘 듯,
   7박 무일의 꿈같은 여행이었다.

012

주말 우리집의 풍속도

추석날이라고 예외는 아니다.
저녁 식사를 마친 나는 으레껏 설거지를 시작한다.

아내는 쌍둥이 손녀를 추석연휴 시작 전날에 아들 집 근처의 유치원에서 데려왔다. 손녀들에게 좋은 추억을 만들어주기 위해 아이들과 함께 송편도 빚고 추석음식도 만들며 동네 어르신들에게 떡과 녹두전을 전하는 등 분주한 하루를 보내고 있다.

아내의 구원투수인 아들이 밤에 왔다. 주말에 오면 주요리는 아들이 도맡아서 한다. 손녀들이 잘 먹는 파스타부터 짜장과 인도커리, 특히 양갈비 요리가 일품이다.

근무처가 용인인 아들이 이른 아침에 출근한 뒤 며느리는 6살 된 두 딸을 깨워 얼굴 단장시키고 머리 땋고 옷을 입힌 후 아침을 먹이고 유치원에 데려다 준 뒤에야 서둘러 출근한다.

힘들게 맞벌이하는 며느리가 주말에라도 편히 쉬게 하려고 내 집에 오면 아내와 아들이 식사 준비를 한다.

추석 전날 오후에 수필집 출간을 위해 지인의 주선으로 출판사의 회장댁을 방문하고 돌아오는 길에 서울집에서 쉬고 있던 며느리를 데리고 왔다.

오는 내내 차 안에서 말이 끊이지 않는다. 둘째가 수 개념과 글 읽는 것이 빠르며 예전보다 떼쓰는 일도 많이 없어졌고, 지난번 베트남 여행시, 하루 종일 물놀이하고 좋아하는 수박을 매일 맘껏 먹어서인지 또 베트남 가고 싶어 한다는 손녀들의 이야기가 주 대화거리다.

피곤할 텐데 눈 좀 붙이라고 말해놓고는 집에 올 때까지 나도 말이 끊이지 않는다.

며느리가 심성이 곱고 말씨도 살가와서 차 안에서의 공간이 서먹할 수도 있는데 딸처럼 편히 느껴져서 그런가 보다.

　추석날 저녁식사 시간이다. 아내가 손질해놓은 양갈비를 아들이 구워냈다. 나는 쇠고기보다 돼지고기를 좋아하지만 특히 육질이 부드러운 양갈비를 더 좋아한다. 손녀들도 양고기를 잘 먹어서 갈비살을 잘라 주느라 언제나 그렇듯이 며느리는 식사가 늦다. 아내도 중간 중간 음식을 데워 나르느라 식사 시간에도 바쁘다.

　제일 먼저 식사를 마친 나는, 내가 사용한 접시와 요리에 사용했던 냄비와 후라이팬과 밥솥들부터 씻기 시작한다. 아내와 며느리는 밥을 먹고 있고 남편이며 시아버지인 나는 설거지를 한다. 주말의 우리 집 풍속도가 추석이라고 예외는 없다.

　옛적에는 모두가 그랬지만 어린 시절을 가부장적인 분위기에서 자랐다. 할아버지와 아버지와 형과 나는 밥상에서 여동생과 어머니는 다른 밥상이나 밥상 아래 방바닥에다 밥그릇을 놓고 먹던 기억이 난다.
　남자가 부엌에 들어가면 고추가 떨어진다고 말하

던 시절이었다.

  그렇지만 저녁을 준비하기 위해 애썼던 아내와 쌍둥이를 챙기며 늦게야 식사를 하는 며느리를 위해 가부장적인 사고방식을 던져버리고 내가 설거지를 시작한 지 5년이 넘었다.

  설거지에서 유종의 미는 음식쓰레기를 정리하는 일이다. 남은 음식을 모아 갈 때면 고약한 냄새도 나고 귀찮지만 아내와 며느리의 수고에 비하면 아무것도 아니다.

  추석날인 오늘밤도 아내를 위해 즐거운 마음으로 잔반통을 들고 음식물 수거함으로 걸어간다. 추석 보름달이 날 보며 환하게 웃고 있다.

최고의 아빠상

이 세상에서 가장 큰 상은 무엇일까?
그리고 가장 가슴 벅찬 상은 무엇일까?

가을이 시작되면서 꽃식초 강의가 이곳저곳에서 쇄도하고 있다. 학교에서, 공공기관에서, 교회에서, 지방자치단체의 축제에서…

이번 주 토요일엔 농어촌선교회에서 꽃식초 강의 요청이 와서 서천에 가기로 약속했다. 추석연휴가 끝나자마자 수요일 수업에 이어 목요일 수업준비로 새벽 2시까지 바빴는데, 목요일날 분당에서 수업하고 있는 중에 갑자기 농어촌 선교회에서 수업요청이 들어 온 것이다.

금요일 오후에 아내가 대려온 손녀들을 재우고 生花 정리와 키트 작성으로 밤 12시가 넘도록 수업 준비하고 있는데 아들 내외가 서울집에서 왔다. 아들은 짐싸고 있는 나에게 내일은 연휴가 시작되는 토요일이어서 차가 막히니 일찍 출발해야 한다는 호의에 찬 경고에 다음날 아침 6시에 출발했다.

목사로 미국에서 사역하던 남편을 코로나로 하늘나라에 보내고 귀국하여 안산에서 홀로 살고 있는 여동생과 합류하니 2시간이 넘는 서천까지의 여정이 지루하지 않았다. 동서천까지 마중나온 둘째 여동생의 안내로 수업장소에 도착했다.

농촌에서 쉽게 구할 수 있고 샐러드 소스로 가장 인기있는 메리골드꽃식초와 면역력 증강과 혈액순환에 도움을 주는 야관문식초를 수업하고 선교회 회원인 목사 사모님들에게는 장미꽃식초를 만들게 하여 선물로 드렸다.

사모님과 함께 오지 못한 목사님은 나에게 살짝 다가와서 내 아내가 장미꽃식초를 무척 좋아할 것 같다며 아쉬워하기도 했다.

맛깔스럽게 준비한 점심식사를 마치고 외부 손님들이 묵고 갈 수 있는 숙소를 살펴 보았다. 숙소에서 바라보이는 금강과 넓은 벌판을 채운 노란 벼이삭의 물결이 풍요롭다. 시골 들판의 풍성하고 아름다운 정취가 잠시나마 바쁜 일상을 잊게 한다.

다음엔 며칠 쉬어 가고 싶다 했더니 선교회 회장인 목사님은 언제든 환영한다는 따뜻한 말을 건넨다.

다음날, 두 달 전에 요청받았던 인천 능허대축제의 꽃식초만들기 체험행사를 위해 100명 분의 재료 준비를 아침부터 하고 있는데 아들이 봉투를 건넨다.

미색 봉투에 큰 글씨로 쓰여진 '최고의 아빠상'!!!

순간 가슴이 멎는다. 작은 글씨엔 '소처럼 일해서 번 돈'이라고 적혀 있다.

애교쟁이 둘째 손녀가 다가와 봉투를 보며 무엇이냐고 묻는다.

"아빠가 하브에게 준 선물이야"

내가 볼게 하며 열어 보더니 그 작은 손으로 돈을 만지작거린다.

"한번 세어봐 몇 개인지"

나의 말이 떨어지자마자 한창 숫자놀음에 빠진 손녀는 신나는지 하나 둘 셋… 세어 보더니,
큰소리로 "엄마! 하브 돈이 20개야"

아마도 칠순을 넘긴 시아버지가 밤늦도록 수업 준비하며, 새벽에 차를 몰고 서천까지 떠나는 모습에 며느리가 감동하였던 모양이다. 뜬금없이 돈봉투를 받은 것도 기쁜데 〈최고의 아빠상〉이라니…
아들과 며느리의 재치와 사랑으로 준비한 '최고의

아빠상'이 지금까지 받은 상 중에 가장 가슴이 벅차고 큰 상이다.

   사랑한다 아들아 며느리야!
   너희가 최고의 며느리상이요.
   최고의 아들상이다.

2부

아내는 나의 숨소리를 잡고

남편들이여 공짜는 없다

아내는 바쁘다.

청춘합창단 공연과 연습으로 친구들의 모임과 해결사로 교회 기도 모임과 이곳저곳 봉사 활동으로…

요새는 꽃차강습까지 추가되어 재료 준비하랴 강의안 만들랴 더 바빠졌다.

나도 꽃식초 제조업을 60이 훨씬 지난 늦은 나이에 시작하여 요 사이엔 새벽부터 밤까지 일하고 있다.

꽃식초 음료 중 몇몇 제품은 국내에서 처음으로 내가 개척한 분야라서 재료 구입, 상품 제조, 포장용 박스 디자인, 판로 개척, 전시회 참가 등을 혼자 하다 보니 피로가 겹쳐, 아내에게 걱정을 끼칠 때가 많다. 그래도 지치기보다는 일에 대한 열정이 앞서는 편이다.

어제는 바쁜 일과를 마치고 아내와 함께 마트에 갔다. 햅쌀을 사면서 '하얀 쌀밥에 누룽지를 만들어 먹으면 좋겠다'고 했다.

다음날, 아침잠이 많은 아내가 언제 일어났는지 아침 작업을 마치고 온 나에게 윤기 나는 햅쌀밥과 들기름에 볶은 묵은지에 깨소금을 뿌려 내어놓는다. 참으로 오랜만에 그것도 아침상에, 한국 남편들의 로망인 눌은밥까지 받았다. 아침이면 떡이나 빵 한 조각에 야채 주스 한 잔이 전부였는데.

아내는 아침 일찍 나가 밤이 늦도록 일하는 내가 대견한가 보다. 그도 그럴 것이 20여 년 가까이 학원 원장으로 있으며 요즘처럼 바빠 일해본 적이 없었기 때문이다.

남편 동지들이여!
아내에게도 공짜는 없습니다.
구수한 눌은밥과 개운한 묵은지 볶음을 아침상에 받고 싶다면, 나이에 상관없이 열심히 일하십시다.
아내를 위해 그리고 행복을 위해.
특히 구수한 누룽지가 있는 정성 어린 밥상을 위해.

목련꽃의 영성

　작년 늦봄.

　목련이 다 진 후에 꽃차를 배우기 시작했다. 그래서 작년에는 목련 꽃차를 만들지 못했다. 그런데 맛과 향과 색깔과 효능이 뛰어나서인지 목련 꽃차를 좋아하는 사람이 많다.

　올봄엔 서둘러 해풍 맞은 부산 목련꽃부터 시작해서 가평 산속의 목련까지 4000여 송이 넘게 구해서 목련 꽃차를 만들었다.

　하루는 각 곳에서 주문한 목련이 한꺼번에 오다 보니 겹쳐져서 양이 많았다. 탐스럽게 활짝 피어 있는 목련꽃은 꽃차의 재료가 아니다. 꽃이 피기 전 봉우리를 따다 하루를 시들려서 손으로 꽃잎을 한 잎 한 잎 펴야 한다.

그런데 급한 김에 조금 피어 있는 꽃을 골라 하룻밤 재우지 않고 먼저 꽃잎을 펴기 시작했다.

그러나 아무리 조심스럽게 잎을 만져도 꽃잎이 부서지거나 갈라진다. 결국 포기하고 다음날 작업하기로 했다.

완성된 꽃차로 만들어지기 위해 목련꽃은 시간을 두고 서서히 시들어야만 했다.

그렇다. 내가 성숙한 그리스도인으로 성장하려면 하나님께서 나를 잘 만들어 사용할 수 있도록 나는 시들어야 한다. 내가 너무 살아있어 그분뿐만 아니라 주위 사람들이 불편할 때가 많았을 것이다. 가까이 있는 아내가 가장 힘들었을 것이다.

향기롭고 맛있는 목련차로 거듭나기 위해 목련은 자신의 수분을 빼고 시들어진 것처럼 나도 나의 힘을 빼야겠다. 더 온유해져야겠다.

그분께서 나를 잘 만지실 수 있도록.
아내가 더욱 편안해질 수 있도록.

남편들이여 장미꽃식초를 사라

우리들의 어머니도 내 아내도 그러하듯이 한국의 어머니에게는 물건을 살 때 자식과 남편이 우선 순위다.

서울 카페베이커리 행사장인 SETEC에서 꽃식초 홍보 판매 행사 중인데 수수하게 차려입은 아주머니 한 분이 살며시 다가왔다. 꽃식초를 마셔보고 이것저것 묻다가 비염에는 목련꽃식초가 좋다고 했더니 아들이 비염이 심하다며 선뜻 지갑을 연다.
또한 남편에게 좋다는 야관문식초를, 그리고 가족의 건강한 음식을 위해 샐러드용 메리골드꽃식초를 고른다.

여성 호르몬 에스트로겐이 함유된 장미꽃식초가 중년 여성을 위해 가장 좋은 꽃식초라 말해도 끝내

장미꽃식초에는 눈길도 주지 않는다. 그러면서도 목련꽃식초가 한 병은 부족하다고 한 병을 더 산다.

 겉모습은 넉넉해 보이지 않는데 500ml에 25,000원이나 하는 비싼 꽃식초를 10만원 어치나 아무렇지도 않은 듯이 장바구니에 담는다.
 자식 사랑 남편 사랑만큼은 백만장자인, 한국의 어머니요 한국의 아내다.

 한국의 남편들이여!
 야관문식초만 마시지 말고,
 아내에겐 장미꽃식초를.

017

소월 선생의 시가 그립다

  어릴 땐 모두 시인이 된다.
  그러다 나이가 들면 세파에 물들어 시심(詩心)을 잃어버리고 살아내기에 바쁜 중년이 되고 만다.
  그래서 60이 넘어 시를 쓴다는 게 어려운가 보다.

  아내를 모델로 한 아름다운 풍경사진에 시를 덧붙여 벽에 걸고 3년 전 갤러리 꽃차 카페를 열었다. 그리고 '아내가 있는 풍경' 연작시 5편으로 월간문학바탕 신년호에 신인문학상을 받으며 등단하게 된다는 메일을 어제 생일날 받았다. 값진 생일 선물에 기뻤다.

  시를 강의하며 시를 감상하며 언제나 느끼는 것은 왜 이리 시가 어려울까? 모든 사람이 쉽게 이해할 수 있는 언어와 표현으로는 시인의 정서를 전달할 수는 없는 것인가? 지인들이 보내온 시집을 펼칠 때마다 소월 선생의 시가 늘 목마르다.

나는 쉽게 쓰기로 했다.
현학적인 언어는 빼버리고 일상적인 언어로, 폼 잡는 언어도 지우고 친근한 말로, 교과서적인 수식을 절제하고 쉽고 간결한 문장으로.

나이를 거꾸로 먹는다

이른 아침
봄 길 문안에

겨울잠 깬 나무는
연둣빛 물감이다

화답하는 아내 얼굴에
봄이 한 움큼이다

난 이 얼굴 볼 때마다
나이를 거꾸로 먹는다

류현진 게임의 교훈

  나는 야구 명문인 성남고를 졸업해서인지 야구게임을 즐겨 보는 편이다.

  미국 로스엔젤레스의 다저 스타디움. LA다저스의 홈구장 마운드에 선발투수로 서 있는 류현진의 모습이 당당하다. 류현진의 멋진 투구폼으로 내로라하는 타자들을 삼진으로 잡아낼 때마다 함성도 대단하다.

  다저스가 워싱턴에 1대0으로 이기다가 6회 말 노아웃에 만루인 찬스가 왔다. 1점으로는 불안한 류현진에게는 승리투수가 될 수 있는 확실한 기회가 온 것이다. 그러나 상대투수의 투구력도 대단했다. 놀랍게도 다저스의 타자 3명을 삼진으로 잡아내어 류현진의 가슴을 쓰리게 했다.

다저스는 다음 회인 7회 말에 류현진을 교체하기 위해 대타를 내보냈다. 역시 프로는 달랐다. 전 회의 아쉬움을 떨쳐 버리고 투 아웃 투 스트라익! 절대절명의 기로에서 대타자가 홈런을 쳤다. 그것도 좌측 펜스를 넘기는 후련한 홈런을 날린 것이다. 류현진이 환하게 웃는 모습이 텔레비전에 비쳤다.

아내가 말한다. 나는 120점 남편이라고. 그러나 평소에는 100점에 20을 더해서 120점인데, 가끔 소리 지르는 순간 빵점으로 전락한다고.
왜 아니 그럴까! 열이 오르면 앞뒤 안 가리는 내 불같이 급한 성격 탓이리라.

그날 상황도 그랬다.
중요한 일정이 겹쳐 아침부터 몹시 바쁜 날이었다. 내가 부른 컨설팅 업자가 사무실 앞에 기다리고 있다는 전화에 부랴부랴 가서 보니 사무실 열쇠가 없어 다시 차를 타고 집으로 가려는데 핸드폰이 울린다.
"저 지금 물리치료 받고 있는데요 차에 있는 달걀" 까지만 듣고 냅다 화를 내며 "나에게 일 시키지 마"라고 소리 질렀다. 아침부터 감사준비에 바빴던 나는 평정심을 잃었나 보다. 그리고 아내가 제일 싫어하는 반말에 소리까지 높았으니 아차 싶다.

바쁜 것은 나의 일이다.
아내는 오늘의 내 일정을 모르는 상황이다.
전 회의 노아웃 만루인 상황에서 득점하지 못한 아쉬움을 떨쳐 버리고 집중력을 잃지 않은 대타자가 홈런을 친 것처럼, 어떤 경우에도 아내에 대한 따뜻한 집중력으로, 늘 120점 남편으로 사랑받고 싶다.

019

사랑하는 당신에게

창문에 드리워진 블라인드가 오늘 아침에는 유난히 밝아 보입니다.

노란 유채꽃 속에 하얀 웨딩드레스를 입고 나를 보며 환하게 웃는 당신의 모습이 오늘따라 더욱 곱게 느껴졌기 때문이요, 23년 만에 다시 찍은 웨딩 사진 속의 싯구가 이 아침을 더 싱그럽게 열고 있기 때문입니다.

그 사람 그 사랑 내 곁에 있어

그 옛날 5월의 신부가
4월의 신부가 되었습니다.

사뿐사뿐한 걸음

잔걸음 종종걸음, 오랜 세월 저는 걸음

23년의 뒤안길 돌아

이제사 날개 달은 걸음, 제주도에 왔습니다.

그 사람 그 사랑 내 곁에 있어

4월의 신부는 그 옛날 5월의 신부보다

더 아름답습니다.

  그래요. 25년의 결혼생활이 그리 순탄하지는 않았지만 꿋꿋이 참고 기다리고 용서한 당신의 사랑이 있었기에 물수제비 뜨듯, 늘 달려갈 수 있음을 고맙게 생각합니다.

  돌아본 나의 삶이 정돈된 발자국임을 확인할 수 있음도 오로지 당신의 인내와 배려 덕분임을 압니다.

  며칠 전, 신혼 시절에 살았던 단칸방 집을 보고 오면서 참으로 감회가 깊었습니다.

  내가 출근할 때면 버스를 타나 택시를 타나 문 밖에 나와 지켜보고 서 있었다는 당신…

　그 옛날 나와 함께 장보러 다니던 재래시장에서 500원이면 사 먹을 수 있던 순대를 한 푼 더 아끼려 그냥 지나쳤다던 당신…

　이제야 시장 한 모퉁이의 좌판에 앉아 그 순대를 먹

으며, 순대를 먹는 것이 아니라 25년의 세월을 먹었노라 말했던 당신…

  멈추고 싶지 않던 시간이었지만 이렇게 세월이 흐르고 보니 가난했던 아픈 기억도 다 아름다운 추억으로 남는가 봅니다.
  어제 남이섬에서의 하룻밤 가을 여행도 밝은 햇살에 비친 노란 잎새와 함께 새로운 추억거리로 남을 겁니다.

  3년 전 당신의 생일을 축하하며 썼던 시 한 구절을 늘 잊지 않을께요.

  먼 훗날,
'나는 당신으로 인해 멋진 인생이었습니다.'
라고 말할 고백을 준비하며 살고 싶습니다.

여보!
그렇게 살겠습니다.
그렇게 사랑하며 살겠습니다.
그렇게 멋진 인생으로 사랑하며 살겠습니다.

체코, 평화로의 초대

 카메라를 둘러메고 7차례의 아프리카 사진 여행을 비롯하여 지구 곳곳을 다녔지만 체코의 남모라비아 지역만큼 계절마다 사람의 감성과 이성을 뒤흔들어 놓은 곳은 없었다. 선과 색과 패턴이 만드는 조화를 뛰어넘어 300mm 렌즈의 화각에 알맞은 독특한 풍광이 체코의 들녘에 펼쳐져 있었기 때문이다.

 봄에는 비에 촉촉해진 까만 흙과 녹색의 밀밭과 군데군데 노란 유채꽃이 완벽한 색면(color field)의 물결을 자랑하고, 가을에는 평범한 옥수수밭도 추수가 끝나면 트랙터가 지나간 자리에 멋진 궤적을 만들어 환상의 파노라마로 연인처럼 다가왔다.
 더구나 수확을 기다리며 온몸을 까맣게 태운 해바라기밭마저 패턴 속에 있었다.

그래서 14차례나 체코에 갔다. 풍광은 매번 달랐지만 언덕과 언덕이 만나는 선과 색과 면(面)의 인사말은 언제나 평화였고 1·2차 개인전의 주제도 'The Peace'였다.

그래서인지 사진평론가 최건수 교수는, '전중호의 풍경은 이탈리아 컬러사진의 마술사 프랑코 폰타나를 연상케 했다. 풍요로운 색과 선, 면들이 음악의 느린 라르고처럼 교차하면서 빚어낸 구성적 패턴의 베리에이션이다. 단지 이런 요소들이 색과 선이라는 조형적 요소에 갇혀 있지 않고, 찍은 자가 염원하는 세계로 항해하는 과정에 있음을 주목할 필요가 있다. 즉 하나의 꿈꾸는 세계로 가는 예술적 궤적인 것이다. 나는 그것을 물어보았고 전중호는 '평화'라고 답을 내놓았다'라고 말했다.

그리고 체코의 들판은 나에게 속삭여 주었다.
"이렇게 찍으라고"
내 사진 작업의 방향을 정립해준 체코의 들녘이 사랑스럽다.
그 땅은 살아있는 나의 교과서가 되었다.

Peace. 2013. Inkjet print. 120 x 80

Morning Light. 2013. Inkjet print. 52 x 34

The Road to Heaven. 2013. Inkjet print. 100 x 66

Another View. 2015. Inkjet print. 52 x 34

A Warm Road. 2015. Inkjet print. 52 x 34

The Line. 2014. Inkjet print. 52 x 34

Waltz of April. 2013. Inkjet print. 52 x 34

The Fall. 2013. Inkjet print. 100 x 66

White Tree. 2015. Inkjet print. 100 x 66

A Light in the Morning. 2013. Inkjet print. 100 x 66

A Spring Day. 2014. Inkjet print. 100 x 66

A Picture drawn by Spring. 2015. Inkjet print. 120 x 80

Cars in the Spring. 2013. Inkjet print. 52 x 34

Peace II. 2015. Inkjet print. 100 x 66

봄이 그린 카펫트

드뎌 하늘이 열렸다
이른 아침 빛에
한껏 뽐낸 그녀

그를 품기 위해
얼마나 구릉을
오르고 올랐던가

어느 해 봄은
박무로 뿌했고
어느 해 여름은
구릉빛이 밋밋하고
어느 해 가을엔
띠 모양이 맘 안 차고
지난 겨울엔 기다리던 눈도 없었다

그러나 오늘,
숨이 막힌다
손이 떨린다

The Carpet Painted By Spring. 2015. Inkjet print. 180 x 90

하늘이 도왔다

이른 아침빛에

드뎌 한껏 뽐낸 그녀

체코의 봄날이 황홀하다

2015 봄 호보라니에서

버킷 리스트

작년 여름에 시작한 꽃차 카페로 바빠져서 작년 봄부터 운동을 못했다. 더구나 어깨 통증이 있어 하던 운동을 접고 뒷산에 오르는 것으로 모든 운동을 대신해 왔다. 그나마 등산 횟수도 줄어들자 어느 사이에 바지 허리가 쪼여온다.

아내는 지난 토요일 아침부터 잔소리다.
'뚱뚱했던 형부가 2년이 넘도록 꾸준히 몸을 가꾸더니 배도 쏙 들어가고 몸짱 되었는데 당신의 임신 8개월인 D라인을 어쩐다요?'

이제 카페도 오후에 문을 열게 되고 직원이 있어 아침 시간에 운동하면 되는데 차일피일 미루고 있는 나의 게으름이 문제였다.

월요일 아침에 의사를 만나보니 심한 운동이 아니면 괜찮다고 말한다. 곧장 편한 런닝화를 사들고 헬스장에 갔다.

아내 환갑 선물로 식스팩을 보여 주겠다고 큰 소리 쳤던 때를 떠올리며 나의 버킷리스트 하나를 시작하려는 것이다.

오랜만에 대하는 운동기구들이지만 낯설지는 않았다. 2시간이 훌쩍 지났다. 열심히 운동해서인지 등으로 땀이 흐른다. 샤워를 마치고 돌아오는 길이 뿌듯하다.

어제 오랜만의 운동으로 몸 상태가 좋지 않았지만 오늘도 땀이 흐르도록 걷고 있다.

6살 젊은 착한 아내의 미소 짓는 밝은 얼굴을 기대하며.

사랑연습

 며칠 전 아내 친구가 가져온 오이지를 맛있게 먹는 나를 보고 아내도 오이지를 담았다.

 아침에 탁구 치고 시장했는데 여느 때와 달리 누룽지를 끓여내며 오이지를 밥상에 올려놓았다.
 "내가 만든 오이지가 그래도 제일 맛있지?"
 약간의 시간이 지난 뒤에 아내가 말한다.
 "왜 그런 줄 알아?"
 "사랑이 있어서지"
 아내와 나는 동시에 말했다.

 "하나도 무르지 않고 맛있지?"
 "그래 넘 맛있어. 누가 만든 건데"

그러나 이번 오이지는 웬일인지 쓴 맛이 남아있다. 그리고 물러서 별로 씹지도 않은 체 목 넘기고 있지만 맛있다고 연신 말했다.

상대방의 기분을 맞춰주는 것, 아내가 만들어 준 음식을 맛있게 먹어 주는 것, 이게 사랑이다.
오늘도 아내는 나에게 사랑연습을 시킨다.
60이 훌쩍 넘은 이 나이에 말이다.

이 글을 쓰면서 시골 어느 음식점 벽에 걸려 있던 한 편의 명작이 생각난다.

아내는 새로운 음식을 만들 때마다 내 앞에 가져와 한 숟갈 내밀며 간을 보라 한다.

그러면 "응, 마침 맞구먼, 맛있네"
이것이 요즈음 내가 터득한 정답이다.

물론, 때로는 좀 간간하기도 하고 좀 싱겁기도 할 때가 없지 않지만…
만일 "좀 간간한 것 같은데" 하면

아내가 한 입 자셔 보고 나서

"뭐이 간간혀요? 밥에다 자시면 딱 쓰것구만!" 하고

만일 "좀 삼삼한디" 하면

또 아내가 한 입 자셔 보고 나서

"짜면 건강에 해롭다요. 싱겁게 드시오."

하시니 할 말이 없다.

내가 얼마나 멍청한고?

아내 음식 간 맞추는데 평생이 걸렸으니

정답은

"참 맛있네!" 인데

그 쉬운 것도 모르고…

−林步 '마누라 음식 간보기' 全文−

* 이 글을 읽고 사진을 찍어둔 후,
담양에 갈 때마다 이 식당을 찾는다.

내가 깰 걸

꽃차를 배우고 향과 맛과 색에 반하여 꽃차 카페를 운영하던 때였다. 며칠 전 카페에서 3년 만에 만났던 지인이 약속보다 조금 늦은 시간에 직장 동료들과 함께 왔다. 12명이 온다고 했으나 8명이 왔다. 그래도 예약한 대로 꽃차 잔을 모두 채워 대접했다.

혼자서 12개의 다관에 색색의 꽃차를 우린 후 숙우(꽃찻물을 담는 유리 그릇)에 따라서, 불붙인 워머 위에 색색의 숙우를 하나씩 올려 놓았다. 바쁜 중에도 지난번에 와서 지인이 너무 좋아하던 'The power of love'로 음악을 바꾸었다.

헬렌 피셔의 매혹적인 목소리와 꽃차의 화려한 색감과 풍미에 빠지기도 전, 갑자기 "쨍그렁" 소리가 들렸다.

  유리 찻잔 하나가 깨진 것이다.

"괜찮아요. 흔히 있는 일입니다."

  말하고 나서 바로 정리했다.

  잠시 후 쇼케이스에서 목련꽃식초 한 병을 뒤에 감추어 들고 테이블로 가서 엄숙한 목소리로 물었다.

"어느 분이 깨뜨렸나요?"

"제가요"

  목소리에 미안함이 묻은 채로 나직이 말한다.

"아깐 많이 당황하셨죠? 그 마음을 기쁘게 해드리죠"라고 목소리 톤을 바꾸어 친절하게 말하며 꽃식초 한 병을 건넸다.

  순간 "내가 깰 걸"하는 즐거운 목소리가 이구동성으로 들리며, 깨진 찻잔 하나로 잠시 가라앉았던 분위기가 꽃식초 한 병으로 한껏 환해졌다.

  이렇게 조그만 허물을 덮어주며 오히려 위로하고 사랑하며 살아야겠다는 아름다운 교훈을 얻은 날이었다. 'The power of love' 멜로디가 더 감미롭게 흐른다.

024

또 하나의 꿈

  텔레비전 화면에서 보기만 했던 요리 수업, 그 후 어렵게 마음먹고 강의실에서 듣고 실습만 했던 요리 수업, 그런데 오늘은 내가 요리강사가 되었다. 오랫동안 준비했던 또 하나의 꿈이 시작된 것이다.

  5년 전 처음 요리 배우던 생각이 난다. 요즘은 부엌이 현대화되고 요섹남이라는 유행어가 익숙해질 정도로 남자들이 요리하는 것이 대세라지만 가끔 도와주는 설거지가 아니라 요리하기 위해 앞치마를 두른다는 것이 쉽지는 않다.

  더군다나 집이 아닌 대중들 앞에서 요리를 배우기에는 용기가 필요했다. '용기란 하고 싶은 한 가지를 위해 또 하고 싶은 2번째 3번째 것을 버리는 것이다'

라고 말한 어느 종교철학자의 말을 떠올리며 집 가까이 있는 여성의 광장에서 요리강좌의 문을 열었다.

24명의 수강생이 모인 요리 강의실 안에 내가 청일점이라고 요리 강사가 반장까지 시켜 평생 처음으로 차렷! 경례! 구호를 외치며 여성 23명의 반원들에게 기분 좋은 심부름꾼이 되기도 했다.

"왜 요리를 배우려고 하느냐?"는 강사의 질문에 '아내의 회갑 잔치상을 차려주기 위해 요리를 배우러 왔다'고 말하자 여자 수강생들의 물벼락 같이 쏟아지는 박수와 환호에 얼떨떨하기도 했다.

파 따듬고 양파 썰며 눈물 흘리기, 오징어 껍질 벗기고 내장 꺼낸 뒤 몸통을 링 모양으로 썰기, 비스듬히 숟가락 넣어 살과 내장 분리하고 전복 이빨 빼내기, 요리 때마다 채썰기 깍뚝썰기 송송썰기 옆썰기 특히 애먹었던 대추 돌려깎기…

그런데 요리 수업에 빠져들기 시작한 것은 평범한 비지찌개 만들기에 있었다. 아내는 비지찌개를 좋아해서 묵은김치와 돼지갈비를 넣고 종종 끓여 주곤 했다. 그래서 그 맛을 잘 아는데 요리 수업 시간에 만들어 본 비지찌개는 지금까지 집에서 먹어왔던 것보다 맛이 훨씬 좋았다. 그 원인은 찌개 끓일 때 맹물이 아닌 멸치육수를 만들어 붓는 데 있었다.

  다음날 배운 대로 팬에 살짝 구워 비린내를 제거한 멸치와 다시마로 육수를 낸 뒤 비지찌개를 끓여 저녁 밥상을 차렸다. 아내가 '너무 맛있다'는 말 한마디에 3개월 작정으로 시작한 요리 공부가 10개월로 늘어났다.

  요리 실습을 하는 동안 100여 가지가 넘는 레시피를 받아 많은 지인에게 요리를 선보였는데, 그중 가장 인기 있는 요리는 쌀과 야채와 고기와 해물을 넣고 만든 빠에야였다.
  빠에야는 비주얼과 풍미가 뛰어난 스페인의 대표적인 쌀볶음 요리이자 세계적인 웰빙 음식이다.

  빠에야를 먹어 본 지인들 중에는 너무 맛이 좋아 집에서 해보겠다고 레시피를 받아 갔지만 우리에게는

낯선 요리이기도 하고 불 조절이 까다로워 제대로 만든 사람이 별로 없었다.

그래서 첫 수업으로 빠에야 요리를 선정했고 빠에야에 들어가는 홍합을 이용해서 만들기 쉽고 영양가 많고 맛도 특별난 홍합죽을 함께 했다.

에피타이저로서의 부드러운 동양의 홍합죽은 서양의 다소 빡빡한 쌀볶음요리인 빠에야의 훌륭한 파트너였다.

주부 10단들이지만 수강생 모두가 처음 해보는 요리라서 편안하게 즐기며 부담 없이 할 수 있도록 진행했다. 나를 응원하러 늦게 합류한 아내가 준비해 온 샐러드와 이제 막 완성된 홍합죽을 시작으로 빠에야를 함께 먹은 후, 요리 수업 첫 수강생들에게 내가 만든 상큼한 장미꽃식초를 선물했다.

올리브에 볶아 기름진 노란 쌀알에 붉게 익은 새우와 까만 홍합과 요리 끝에 올려진 붉고 푸른 피망이 어울려, 비주얼이 만점인 빠에야가 접시에 옮겨지자 나의 수강생들이 환호하며 사진 찍으며 맛있게 먹던 모습이 지금도 눈에 선하다.

내가 도전한 새로운 꿈!
요리 강의가 시작되었다.

앞으로는 한 달에 한두 번이라도 남편들이 아내와 가족을 위해 만드는 요리가 화목한 가정을 이루어가는 마중물이 되기를 바라면서 아버지를 위한 요리 강의를 준비하고 있다.

025

아내는 나의 숨소리를 잡고

 아직은 나뭇잎이 푸른, 이른 가을 따스한 오전의 병원 앞 공원.
 멀리서 환자복을 입은 남편의 손을 잡고 거닐고 있는 부부가 다정해 보인다. 요사이 보기 드문 아름다운 모습이어서 한 코너를 돌아올 때까지 기다리고 있다가 '손을 잡고 걷고 있는 사연'을 부인에게 물어 보았다.

 가까이 보니 남편은 나이가 들었지만 의외로 체구도 크고 건강해 보인다.
 '어깨 수술과 이석증 때문에 남편이 넘어질까봐 손을 잡고 있다'고 부인은 고개를 숙이며 쑥스러운 듯 말끝을 흐린다.

오래 전부터의 일이다.

내가 힘들고 생각이 많아 잠들지 못할 때면 아내는 나의 숨소리를 살피며 내가 잠들어야 자곤 했다. 혹시나 내가 잠을 못 자서 다시 아플까봐서다.

오늘 만난 초로의 부인은 남편이 넘어질세라 손을 잡았고, 아내는 많은 날 밤을 내가 또다시 조울증에 빠질까봐 나의 숨소리를 잡고 있었다.

노부부의 걷는 뒷모습을 보며 자꾸 아내가 오버랩 되는 것은 아내에 대한 끝없는 고마움 때문이리라.

봄을 부르려네

  600일이 넘도록 연락이 끊겼던 지인에게서 밤 늦은 시간에 전화가 왔다. 너무나도 반가웠다.
  꿈인지 생시인지란 말이 그대로 느껴졌다.
  '나 자유부인 되었어요' 이 말 한마디에 그동안의 모든 시름이 그대로 녹아 있었다.

  그분을 어떻게 만난 지는 기억나지 않으나, 몇 년째 말 한마디 못하고 누워 있는 남편의 병상을 지키고 있었다. 남편은 연세가 많으신 대기업 회장님이셨다.

  자신이 처한 힘든 환경과 만감을 삭히기 위함인지 그림 작업만이 유일한 취미였던 분이 나에게 사진을 배우겠다 해서 아내랑 함께 만났다. 갈 때마다 정갈한 점심을 준비해 주셨다.

모든 것이 정리되면 선교지 여행도 하고 가보지 못한 아름다운 세상 구경시켜드리겠다고 말하며 기운을 북돋아 드렸다.

　그럴 때마다 그분의 얼굴엔 웃음기는 없으나, 말없는 평온함이 묻어났다. 아내는 음식을 준비해 병실에도 자주 가서 말동무도 해드렸는데 갑자기 소식이 끊어졌었다.

새벽에 잠이 깨었다.
어젯밤 전화 목소리가 반갑고 애틋해서일까.
잠은 가고 글 한 편이 남았다.

봄을 부르려네

나로 살지 못하고
그 오랜 세월을
남으로 살았네

세상의 시린
눈초리에

가슴은 멍이 들고

병상의 빛바랜
시간마저
긴 한숨 멈출 날 없었네

님은 가고
나만 남아
헛헛한데도

차가운 겨울바람
잠재울 수 없네

그러나 모든 시름
던져 버리고
이젠 나로 살아가려네

생명수 길어
타는 목 축이고

얼어붙은 다리 녹여

밝은 마당으로

나아가려네

잃었던 아름다운 세상

날 위해 바로 옆에

있으니

봄을 부르려네(召春)

겨울은

이미 갔으니

사진 이야기

  4년 전, 친구의 사진수업 요청으로 한 달 동안 뉴저지에 머물렀다.
  사진을 가르치고 틈이 나면, 뉴저지 근교를 돌아보며 평화로운 들녘과 안개 낀 아침녘 숙소 주변의 정겨운 풍경 등을 촬영했다.

  한 달간의 수업이 끝나갈 즈음 차를 몰고 나이아가라 폭포로 향했다. 미국령과 캐나다령의 나이아가라 폭포를 밤낮으로 오가며 이틀간의 사진 여행을 마쳤다. 캐나다령의 웅장한 폭포의 걸작 사진보다 친구와 함께 오크통에 들어가 놀란 표정으로 폭포에 떨어지는 모습을 담은, 현지 사진가의 스냅사진이 가장 마음에 남는다.

　며칠 후, 귀국을 앞둔 날 조촐한 환송 파티가 열렸다. 버클리 음대에서 공부하고 있는 아들을 보러 미국에 왔다가 최일도 목사님의 뉴저지 영성수련에 참석했던 눈꽃 님과 뉴저지에 사시는 무지개 님 등 몇몇 분의 벗님들도 합류했다.

　저녁 음식을 차리는 사이에 창밖을 보니 눈이 내린다. 울창한 숲이 자랑인 뉴저지는 단풍나무가 많고 색이 곱기로 유명한데, 한창 붉은 단풍 나무 위로 때 아닌 함박눈이 내리더니 폭설로 변해갔다.

　이렇게 가을의 한복판에 폭설이 내리기는 135년

만의 일이라고 다음 날 신문에 대서특필 되었다. 우리는 눈의 무게를 못 이겨 가로수와 전봇대가 쓰러지는 뉴스를 보면서도 걱정보다 끝없이 쏟아지는 함박눈에 환호성을 올렸다. 빨간 단풍나무 아래로 하얀 눈이 쌓인 사진을 볼 때마다 생각나는 그때 그 사람들, 큰바위 님(친구의 별칭) 올리브 님 눈꽃 님…

숙소 근처의 전봇대가 쓰러졌는지 친구 집도 정전이 되자 큰바위 님은 눈길을 뚫고 벽난로에 지필 장작을 사가지고 왔다.
널따란 거실이 다시 훈훈해지고 촛불이 켜졌다.

분위기 맞게 한 사람씩 돌아가며 노래를 부르는데, 차례가 된 올리브 님이 부르기 시작한 노랫가락에 모두 웃음이 터졌다. 특히 눈꽃 님은 얼굴이 벌게지도록 요절복통한다.
고우신 모습과 작은 목소리를 잃지 않는 올리브 님과는 달리 처음부터 끝까지 높낮이가 없는 단음으로 유행가를 청승맞게 불렀기 때문이다. 6, 70년대 시골 장터에서 할머니가 부르는 노랫소리 같은데 신기하게도 가사는 틀리지 않았다.

한바탕 웃음 소동이 끝나고 밤이 깊어갔다.

거실이 커피 향으로 가득할 즈음 약속이나 한 듯 '거룩한 밤 고요한 밤'을 시작으로 눈 내리는 가을밤에 때아닌 크리스마스 이브의 찬양이 시작되었다.

빨간 단풍나무에 하얀 눈이 내린 사진을 볼 때마다 '두 달 이른 크리스마스 이브'의 소동이 내 생애에 가장 아름다운 추억의 하나로 남아있다.

큰바위 님 부부가 한국에 와서 오랜만에 다섯 사람이 함께 뭉쳤다. 멀리 있어도 언제나 옆에 있는 것처럼 마음이 통하는 사람들!

내 특기인 해물 빠에야 요리에 고추잡채를 곁들여 저녁식사를 즐기면서 밤이 늦도록 지난 미국여행을 떠올리며 시간 가는 줄 몰랐다.

큰바위 님과 올리브 님은 우리 집에서 하룻밤 지내고 떠났다.

며칠 뒤 여행 때 다시 만나기로 했는데도 지는 목련처럼 아쉬운 마음 가득하다.

풀의 시인, 김수영의 연인을 만나다

풀이 눕는다
비를 몰아오는 동풍에 나부껴
풀은 눕고
드디어 울었다
날이 흐려서 더 울다가
다시 누웠다
-김수영 「풀」에서

  풀의 시인, 민중의 시인, 어떠한 바람에도 누웠다 다시 일어서는 끈질긴 생명력을 노래한 60년대의 김수영 시인.
  그 전설의 시인 김수영의 부인을 그림처럼 만났다.

  며칠 전 촬영차 덕적도에 다녀오다가 배 위에서 전

화 한 통을 받았다. 시인이라고 자신을 소개하면서 조심스런 어투로 첫 수필집을 내는데 겉표지에다 내 사진을 쓰고 싶다고 말한다. 목소리가 얼추 70이 넘어 보인다.

며칠 후, 그 시인이 나의 사무실에 찾아왔다.

차를 마시며 나의 삶을 소개하고 사진을 고르기 시작했다. 사진작가로서의 나의 견해와 시인으로서의 시각을 조율하며 내 대표작이기도 한 체코의 밀밭 사진을 추천해 드렸다.

그리고 며칠 후 카톡이 왔다.

"김수영 부인이신 김현경 선생님께 '아내가 있는 풍경'과 선생님의 이력을 소개했더니 당장 뵈어야 한다고 난리예요. 선생님 요리 솜씨도 보여주실 수 있으실런지요…"

김수영 시인께서 불의의 교통사고로 작고하신 지 50년이 가까운데 부인이 살아계시다니 믿기지 않을 정도로 마음이 설레었다.

다음날 오후에 고 김수영 시인의 부인이신 김현경

여사를 만났다.

91세의 모습은 하나도 없다.

단아하시고 머리에 쓰신 뜨개질한 모자도 멋스럽다. 하얀 피부와 커다란 눈과 꼿꼿한 자세에는 나이를 뛰어넘는 기품이 서려 있다. 부인께서는 젊은 시절에 시대를 앞서가던 모던 걸이었음을 여실히 보여주신다.

그녀는 김수영 시인에게 아내이기 전에 사랑스런 연인이었다.

핑크색, 노란색, 주황색 그리고 비단향꽃무의 블루색 꽃차를 대접하며 꽃차와 사진과 그림과 시에 대해 말을 나누었다. 시인의 아내여서인지 문학과 예술, 특히 시와 미술에 대한 안목과 조예 깊은 말씀이 또 한 번 나이를 뛰어넘는다. 나는 학원에서 재수생을 상대로 김수영 시인의 풀을 아마도 1000번 이상은 강의했을 것이라며 말을 나누는 사이 시간이 훌쩍 지났다.

카톡 메시지대로 요리를 대접하기 위해 집으로 모셨다. 아내가 준비한 밑반찬에 새우와 버섯을 곁들인

굴소스시금치 요리를 해드렸다. 식사 내내 격의 없이 말씀하신다.

언젠가는 시간에 쫓겨 바삐 차를 몰다가 신호위반에 걸렸을 때 다가온 경찰에게 "난데스까(뭡니까?)"로 시작한 유창한 일본어로 위기를 모면했다고 말하자 모두 웃음바다가 되었다. 아흔 살이 넘은 나이에 유머 감각은 어디에다 숨겨 놓으셨는지 보다 듣다 웃다 10시가 넘었다.

손님을 배웅하고 밤길을 거닐다가 "난데스까"라는 말이 생각나 아내와 또 웃었다.

오래도록 건강하셔서 또 재미있는 이야기 많이 들려주시길 소원해 본다.

도전의 끝은 어디일까

 "오늘 수업은 카메라의 기능 설정과 촬영법 및 구도를 중심으로 진행합니다. 먼저 바탕화면의 카메라를 터치하시고 상단 맨 왼쪽의 설정을 터치하신 다음, 주욱 내려와서 수직 수평 안내선을 활성화 시키세요. 아이폰인 경우에는 설정에 들어가셔서 카메라로 간 다음 격자를 터치하면 가로 세줄 세로 세줄의 격자가 생깁니다. 이 수직 수평 안내선은 구도의 시작이며 사진 촬영의 첫걸음입니다."

 "꽃식초 만들기 체험학습 첫 시간은 주위에서 손쉽게 구할 수 있는 메리골드꽃을 이용한 꽃식초를 만들어 보겠습니다. 메리골드꽃에는 루테인 성분이 함유되어 있어 시력개선에 효능이 있고."

 스마트폰 사진수업과 꽃식초 만들기를 내용으로 한, 문화교실이 공공기관을 필두로 학교와 교회와 아파트단지에서 시작되었다. 또 다른 출발이다.

 20년이 넘도록 사진 여행과 사진 공부를 하면서 2차례의 개인전과 비엔나에서 초대전을 열었다. 이제까지 습득된 노하우를 토대로 카메라 촬영법과 포토샵 강의를 해왔지만 고가의 카메라 장비 구입과 부담스러운 지도비용으로 수강자가 소수에 그치고 있다.

 그러나 핸드폰의 보편화와 여행의 일상화로 폰 카메라 사용이 빈번해지자 사진에 대한 관심이 높아지는 추세다. 그렇지만 자신들이 찍은 사진의 결과물이 만족스럽지 못하여 유튜브나 지자체에서 행하는 사진교실을 통해 스마트폰 카메라 촬영법을 익히려는 사람들이 늘고 있다.

재능기부로 이루어지는 수업이라서 수강료 없이 자유롭게 듣는데도 결석은 물론이고 지각도 없다. 50분씩 2회로 나누어 두 주에 걸쳐 진행하는 사진 수업은 폰 카메라의 기능 설정으로 시작된다.

"기능 설정을 마치신 분들은 옆 사람을 도와주세요"
기계 조작이 익숙한 분들은 서투른 분들을 가르쳐 주고 이에 고맙다고 인사하는 사이에 서로가 친구가 되어가는 사진교실은 분위기가 따뜻하다.

첫 시간을 마친 후, 사진 10점을 숙제로 내주고 잘 찍었다고 생각하는 사진 1점과 그렇지 못한 사진 1점을 각각 사진교실 단톡방에 올려 다음 수업에 도움을 주는 작품을 중심으로 구도와 촬영법 등을 설명해 나갔다.

또한 스마트폰에 내재된 앱을 이용하여 사진 보정 방법을 익히게 하고 자신이 찍은 사진의 결과물이 '똥손'에서 '금손'으로 변하는 모습을 보게 하여 모두가 즐기는 수업으로 이끌었다.

사진수업을 마치고 나오면서 "선생님, 소경이 눈 떴어요"라고 말하는, 수강생의 생기 도는 얼굴을 보니 내가 더 신이 났다.

지난주에 수필집 '아내가 있는 풍경'을 탈고했다. 첫 수필집인 만큼 퇴고에 퇴고를 거듭했다. 악마는 디테일에 있음을 새겨가며 단어는 물론 조사와 어미까지 적확한 것으로 바로잡았다. 이제는 20여년 간의 국어수업과 수필집 출간의 요령을 바탕으로 시와 수필을 첨가하고 기존의 사진과 꽃식초 수업에 요리까지 접목시킨 나만의 문화교실을 기획하며 강의안을 짜고 있다.

도전의 끝은 어디일까?

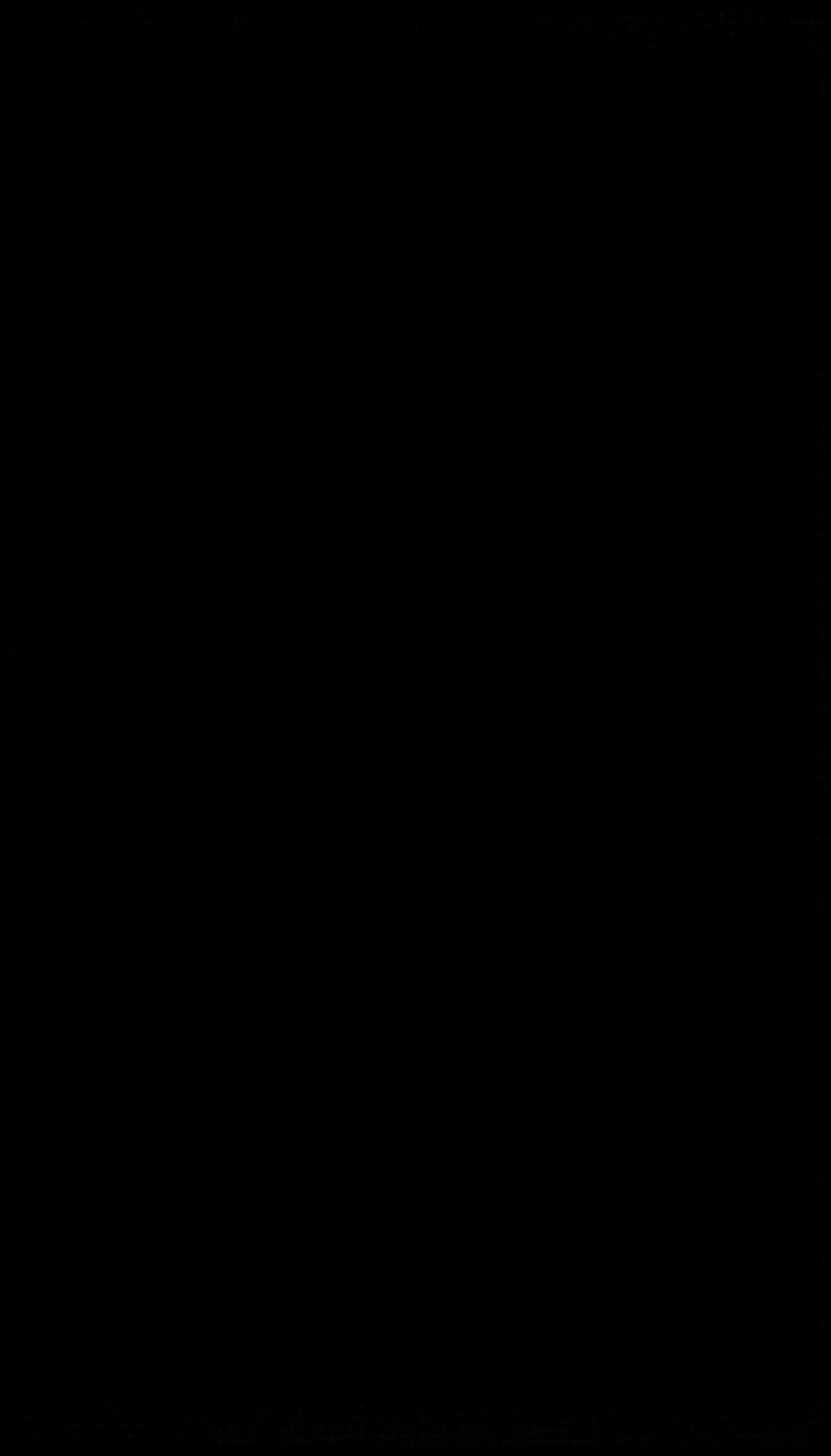

3부

아내가 있는 풍경

꽃소식

바람이 차서
꽃이 피지 않았다

아내는 저 멀리 꽃나무를 향해
밀밭길을 걸어
꽃소식을 손에 물고 왔다

아내는 한 뼘 햇볕인데도
웃으며 말한다
'이제 곧 필 거야'

아내는 그랬다
내가 많이 아팠을 때도
내가 집이 없었을 때도
내가 직장을 잃었을 때도
"이제 곧 괜찮아질 거야"

아내는
늘 꽃소식이었다

030

아내는 늘 꽃소식이었다

  지인이 보내온 사진 한 장에 매료되어 한걸음으로 달려간 체코의 들녘은 평화로움이 배어있는 경이롭고 새로운 세상이었다. 아내에게 운전대를 맡긴 채 숙소가 있는 호보라니에서 담보르디체 싸르디체 키오브로 촬영포인트를 찾아, 안개낀 새벽에도 비가 갠 늦은 저녁에도 틈 나는 대로 달렸다. 지형마다 매번 달라지는 풍경 중에서도 군더더기를 뺀, 단순화된 패턴을 찾아 얼마나 구릉을 오르내렸던가!

  2차 전시회를 앞두고 꼭 작품화하고 싶었던 '하얀 꽃나무'를 촬영하러 꽃이 질까봐 현지 작가의 소식보다 이른 봄에 장로님 부부와 체코를 14번째로 찾아갔다. 갈 때마다 비엔나에서 Akakiko 그룹을 운영하는 고모는 차편을 제공해 주고 동생 준이는 차에 10일

동안의 식품을 준비해 주었다.

체코 국경을 지나며 걱정 반 설레임 반으로 꽃이 피어 있기를 간절히 바라며 촬영지에 도착했지만, 올 가을 전시회를 위한 마지막 봄 촬영인데 꽃나무엔 꽃이 피어 있지 않았다.
물결치는 구릉의 푸른 밀밭에 하얀 꽃이 피어야 하는데…

나에게도 꽃이 피지 못한 시절이 있었다.
조울증으로 두 번째 퇴원했을 무렵, 약기운으로 늘상 처져 있는 나를 독려하며 아내는 매일 동네 뒷산을 오르내리게 하였다.

교통사고로 1년 동안 강의할 곳이 없어 수제비로 끼니를 때울 때도 아내는 밝게 웃으며 나를 위로했다. 돌아가신 어머니는 서울에 오실 때마다 '서울은 이렇게 집도 많은데 우리 아들은 집이 없네' 하고 한숨을 쉬셨는데, 나 몰래 청약적금을 부어 난생처음으로 24평 아파트를 마련한 것도 아내였다.

꽃소식

바람이 차서
꽃이 피지 않았다

아내는 저 멀리 꽃나무를 향해
밀밭길을 걸어
꽃소식을 손에 물고 왔다

아내는 한 뼘 햇볕인데도
웃으며 말한다
'이제 곧 필 거야'

아내는 그랬다
내가 많이 아팠을 때도
내가 집이 없었을 때도
내가 직장을 잃었을 때도
"이제 곧 괜찮아질 거야"

아내는
늘 꽃소식이었다

아내는 꽤나 먼 거리인데 서슴지 않고 경사진 밀밭길을 내려가기 시작했다. 그리고 꽃망울 달린 가지를 꺾어 들고 와서 상기된 얼굴로 이제 곧 필 거라고 말한다. 아내는 일주일 내내 조석으로 밀밭길을 걸어 내려 갔다가 올라오곤 했다.

아내는 귀국하고 혼자 남아 3일 만에야 만개한 꽃나무를 촬영할 수 있었다.
2차 전시회의 대표작보다 하얀 꽃나무 작품이 더 많이 팔렸고 '꽃소식'의 시를 통해 문단에 데뷔할 수 있는 기쁨도 아내가 준 선물이었다.

그렇게 아내는 늘 나에게 꽃소식이었다.

먼 훗날,
'나는 당신으로 인해 멋진 인생이었습니다.'
라고 말할 고백을 준비하며 살고 싶습니다.

-사랑하는 당신에게-

나는 행복한 사람

생명체 하나 없을
소금 사막 위에
아내가 앉았다

그렇게 아내는
볼품없는 나에게 왔다

거칠게 바람부는
해질녘 우유니사막은
아내로 한 폭의 명작이 된다

그렇게 아내는
나를 볼품있게 했다

잠자다 벌떡 일어나
'나는 왜 이리 행복하지'

031

우유니사막에서

퇴근 무렵 사무실, 하얀 벽 엷은 조명 아래 남색 바지에 하늘빛 목도리를 두른 아내가 소금 사막에 앉아 나에게 말을 건넨다.

"행복해요?"
"응"

'아내가 있는 풍경' 시리즈 사진 중 가슴이 짠한 감동으로 다가오는 사진은 우유니사막에서 촬영한 사진이다.

조금이라도 젊을 때 남미 여행을 가자고 해서 꿈에 그리던 우유니사막으로 여행을 떠났다. 24시간이 넘는 긴 비행시간으로 인한 피로도 채 가시기 전에 리마를 떠나 쿠스코에 도착했다.

갑자기 걸음걸이가 휘청거리며 속이 울렁거리고 머리가 아팠다. 고산지대를 통과해야 하는 여정이므로 신경 써서 준비했으나 여행길은 상상했던 그 이상으로 험난했다.

현지의 약초나 한국에서 처방해 간 비아그라도 심한 고산 증세를 말리진 못했다.

함께 여행하는 대부분의 회원도 고통을 호소했다. 그렇게 힘들게 시작된 남미 여행은 우유니사막을 횡단하며 절정에 이르렀다.

아내는 몸에 배인 섬김으로 처음 만난 팀원들의 식사 준비를 고산지대에서부터 거들고 있었고 나는 나대로 한없이 펼쳐진 소금 사막의 풍광에 빠져들어 이리 뛰고 저리 뛰고 정신없이 촬영하느라 아내의 피로가 쌓인 줄도 몰랐다. 급기야 불결한 현지 음식으로 인해 아내는 설사가 시작되어 우유니사막을 지나 아타카마사막에 도착하면서 점점 심해졌다.

힘들게 산티아고공항에 도착한 후, 숙소로 가는 버스 안에서 내가 할 수 있는 것은 손을 꼭 잡은 채 기도

하는 것뿐이었다. 설사 때문에 탈수증이 겹친 상태로 호텔에 도착할 때까지, 걱정으로 휩싸였던 그 악몽의 시간을 다시 생각하고 싶지 않다.

 호텔에 도착해서도 한참이나 시간이 지난 뒤에야 의사가 왕진을 왔다. 진찰을 마치고 처방해 주며 괜찮을 거라는 의사의 말에 안도의 쉼과 함께 맥이 풀렸다. 우유니사막에서 사진 한 장을 얻기 위해 아내에게 죽을 고비까지 넘기게 한 내가 얼마나 밉던지…

 그다음 여정에서 만난 깔라파테의 에메랄드빛 호수나 아르헨티나 최남단에 위치한 우수아이아에서의 내 키만한 대게 요리나 세계 3대 폭포 중에서도 크기가 첫째라는 이과수폭포도 아팠던 아내로 인해 속이 까맣게 타버린 나를 감동시키지 못했다.

 그래서인지 저녁빛 내리는 소금 사막 위에 까만 썬글라스를 낀 아내의 사진 한 장이 27일간 남미 여행의 추억을 뛰어넘어 늘 내 가슴에 남아 있다.

나는 행복한 사람

생명체 하나 없을
소금 사막 위에
아내가 앉았다

그렇게 아내는
볼품없는 나에게 왔다

거칠게 바람부는
해질녘 우유니 사막은
아내로 한 폭의 명작이 된다

그렇게 아내는
나를 볼품있게 했다

잠자다 벌떡 일어나
'나는 왜 이리 행복하지'

오늘 만난 초로의 부인은
남편이 넘어질세라 손을 잡았고,
아내는 많은 날 밤을 내가
또다시 조울증에 빠질까봐
나의 숨소리를 잡고 있었다.
노부부의 걷는 뒷모습을 보며
자꾸 아내가 오버랩 되는 것은
아내에 대한 끝없는 고마움 때문이리라.

-아내는 나의 숨소리를 잡고-

배경화면

아내와 떠난 이천의 봄 마중 길

온 세상이 샛노랗다

산수유 꽃바람에

봄 향내 바라보던 아내의 애띤 모습

20년을 변함없이 배경화면에 남아 있다

여보게 친구들

바꾸시면 어떻겠나

아들 사진 딸 사진

손주 재롱일랑은

오늘도 무시로 아내를 본다

032
배경화면

  20년은 족히 되었던 봄날, 이천에는 산수유 꽃이 만발해 있었다.

  봄이 오면 매년마다 벚꽃 구경 시켜준다고 아내에게 약속했는데 주위에 지천인 벚꽃보다 그날은 산수유 꽃을 보러 가기로 했다.

  산수유 꽃밭 가는 2차선 길 옆에도 가로수인 산수유나무가 노란 웃음을 활짝 터뜨리며 마중 나와 있었다. 노란 산수유 꽃가지 사이로 분홍 점퍼에 핑크색 모자를 쓴 아내가 사진 가방을 둘러메고 노란 봄 향내를 바라보고 있다. 미소가 아름답다.
  이 사진은 지금도 핸드폰의 배경화면으로 남아 있다.

내 나이가 되면 배경화면이 아들 딸 사진이나 손주 사진이 대부분이지만 나는 아내의 사진을 배경화면으로 고집하고 있다. 누구에게든 전화 걸 때마다 받을 때마다 아내는 늘 방긋 웃고 있을 테니.

배경화면

아내와 떠난 이천의 봄 마중 길
온 세상이 샛노랗다

산수유 꽃바람에
봄 향내 바라보던 아내의 애띤 모습
20년을 변함없이 배경화면에 남아 있다

여보게 친구들
바꾸시면 어떻겠나
아들 사진 딸 사진
손주 재롱일랑은

오늘도 무시로 아내를 본다

아들이 대학 1학년을 마치고
인도여행을 하면서
보내온 메일 중,
'나도 커서 아빠 같은 아버지가 될래요'
라는 글귀로 지금까지 감동을 주는 내 아들.

-그 아버지의 그 아들-

아! 타지마할

한 옛날 인도에는
부인을 무척이나 사랑한 왕이 있었네

그 왕비 죽어 긴 세월
사무침 새겨 만든
하이얀 무덤이여, 타지마할이여

얼마나 사랑했기에 스물 두 해의 역사(役事)이더냐
얼마나 사무치기에 모습마저 눈물방울이더냐

애틋한 사랑의 무게가
길손의 발길을 멈추게 하는데

아내여
그대는 잠들지 마시오
아직도 못다 한 사랑이 많으니

033

아! 타지마할

인도의 무굴제국의 샤 자한 황제는 끔찍이도 사랑했던 왕비가 출산 중 39세의 젊은 나이로 죽게 되자 부인를 추모하기 위해 지은 무덤이 타지마할인데, 세계에서 가장 아름다운 건축물의 하나이며 '세계7대 불가사의'로 불리워지고 있다.

'황제가 사랑하는 왕비가 죽자, 정사도 내팽긴 채 왕비를 기리기 위하여 2만 명이나 되는 백성들을 동원하고 무려 22년간의 토목공사 끝에 무덤을 완공했습니다. 그러나 긴 공사 기간과 실정으로 피폐해진 백성들의 원성을 등에 업고 아들이 반란을 일으켜 황제를 탑에 유폐시키고 맙니다. 그 유폐된 탑에서 황제는 매일 매일 타지마할을 바라보다 죽었습니다.'라는 가이더의 장황한 설명이 지루하기보다 슬프게 느껴졌다.

골목길마다 향내와 소똥 냄새와 쓰레기로 가득한 바라나시 강가 건너편엔 잿빛 구름만이 가득하다. 아무렇게나 방치된 소의 배설물 위로 릭샤(인력거)의 바퀴 자국이 선명한 길가엔 새벽 찬 공기로 뜨끈한 짜이 한 잔을 기다리는 행렬이 길게 서 있다.

대로변 처마 밑에는 어린 딸이 아무것도 깔지 않은 시멘트 바닥에서 팔을 벤 채 웅크리고 누워 자고 그 어미는 영혼 없는 눈동자로 멀거니 앉아 있어 지나가는 여행객의 발걸음을 애잔하게 한다.

인도 여행 중 바라나시에서 최고의 볼거리라고 말하는, 밤마다 거행되는 종교의식인 '아르띠뿌자'도 나에겐 섬뜩하고 낯설기만 했다.

더군다나 인도여행 3일 만에 시작된 설사와 복통으로 겨우겨우 버티는 여행이었기에 나는 아들이 들려주었던 말 '뉴질랜드 가서는 자연을 보았고 유럽에 가서는 건물을 보았다면 인도에 가서는 사람을 보았다'고 말하면서 '또 갈 수 있다면 인도를 가고 싶다'는 말의 속뜻을 알아내지 못했다.

그렇지만 가이더의 타지마할에 대한 설명이 끝나갈 무렵 뿌연 안개가 걷히자 아침 햇살을 온몸으로 받으며 성큼 다가온 순백색의 타지마할을 보며 이 시 한 구절 얻었으니 인도여행에서 아쉬움이야 남겠는가!

아! 타지마할

한 옛날 인도에는
부인을 무척이나 사랑한 왕이 있었네

그 왕비 죽어 긴 세월
사무침 새겨 만든
하이얀 무덤이여, 타지마할이여

얼마나 사랑했기에 스물 두 해의 역사(役事)이더냐
얼마나 사무치기에 모습마저 눈물방울이더냐

애틋한 사랑의 무게가
길손의 발길을 멈추게 하는데

아내여
그대는 잠들지 마시오
아직도 못다 한 사랑이 많으니

꽃인지 사람인지

이맘때 드림파크는
코스모스 세상이다
흘러가는 삼색의 율동이다

아내가 차려 입었다
겉엔 하얀 코스모스
안엔 분홍 코스모스
그리고 하늘 향해 두 손을 뻗는다

바람 따라 꽃잎 따라
아내도 춤사위에 빠진다
꽃인지 사람인지
사람인지 꽃인지

아침 햇살이
곱게곱게 퍼진다

드림파크에서

　서울의 하늘공원이 그렇듯이 인천의 각종 쓰레기 더미로 그득히 쌓인 수도권매립지가 아름다운 공원이 되었다. 이름도 드림파크다.

　계절마다 꽃축제다.
　봄에는 각종 야생화가 앞다투어 피어나고, 시골 장독대 앞에 단골손님이었던 백일홍이 여름부터 무리져 장관을 이루더니 가을로 들어서자 각종 국화꽃이 자태를 뽐낸다. 많은 사람이 핑크뮬리에서 추억을 남기고 있지만 그래도 드넓은 들판에 춤추는 코스모스의 향연이 압권이다.

　사진기를 둘러메고 높은 곳으로 올라가 앵글 안을 바라본다. 아내가 하양, 분홍 옷차림으로 코스모스와 하나가 되었다. 아침 햇살 받은 웃음 띤 아내의 얼굴에 꿈의 공원이 입맞춘다.

꽃인지 사람인지

이맘 때 드림파크는

코스모스 세상이다

흘러가는 삼색의 율동이다

아내가 차려 입었다

겉엔 하얀 코스모스

안엔 분홍 코스모스

그리고 하늘 향해 두 손을 뻗는다

바람따라 꽃잎따라

아내도 춤사위에 빠진다

꽃인지 사람인지

사람인지 꽃인지

아침 햇살이

곱게곱게 퍼진다

향기롭고 맛있는 목련차로 거듭나기 위해
목련은 자신의 수분을 빼고 시들어진 것처럼
나도 나의 힘을 빼야겠다.
더 온유해져야겠다.

그분께서 나를 잘 만지실 수 있도록.
아내가 더욱 편안해질 수 있도록.

-목련꽃의 영성-

꿈꾸던 산토리니

오랫동안
꿈꾸던
산토리니!

아내는
하이얀 모자에
남색 자켓을 입었다

파아란 둥근 지붕과
하얀 벽돌이
꿈속인 듯한데

아내의 밝은 미소로
에게해 가을날이
더욱 빛난다

꿈꾸던 산토리니

꿈꾸던 산토리니!
가슴이 뛰었다.
'여행은 다리가 떨릴 때가 아니라 가슴이 떨릴 때 떠나야 진짜 여행이다'라고 말한 어느 여행가의 말이 실감이 났다.

아내는 여느 때와 달리 아내가 늘 가고 싶던 산토리니 여행을 떠나기 때문인지 비행기 일정과 묵을 숙소를 알아보며 신나는 표정이다. 나 역시 산토리니를 거쳐 체코풍경 2차 전시회 준비 차 체코의 호보라니에서 촬영하고 입국하는 여정이어서 기대가 되었다.
더욱이 내가 좋아하는 지인 부부와 함께 떠나는 여행이어서 마음마저 여유롭다.

나는 한두 번도 가기 어렵다는 아프리카 지역 곳곳을 7번이나 아내와 함께 여행했다. 남아프리카 케이프타운에서 시작해서 빅토리아폭포까지 5300km를 트럭 투어하는 동안, 나미브사막의 신비로운 '데드블레이'와 세렝게티와 마사이마라에서의 사파리투어 그리고 장관이던 빅토리아폭포도 산토리니 풍광처럼 가슴을 뛰게 하지는 못했다.

그리스 남단의 에개해가 품은 작은 섬 산토리니!
아테네를 거쳐 산토리니에 들어서면 이곳이 에게해의 진주라는 표현을 온몸으로 깨닫게 된다. 산토리니의 말할 수 없이 아름다운 쪽빛 바다와, 해안선 절벽 위의 크고 작은 하얀 집들과 하늘색 둥근 지붕이 어우러진 풍경이 너무나 로맨틱하다.

피라 마을에서 이아 마을까지 걷는 동안, 빼곡히 들어선 카페와 자그마한 식당과 바를 구경하며 산토리니의 상징물인 블루돔 채플에서 '아내가 있는 풍경' 사진을 촬영했다. 신혼부부와 많은 사람들이 기다리고 있어 구도만 그려보고 다음 날 아침 일찍 갔다.
촬영하기에 건물빛도 좋고 바다 색도 좋았다.

아내는 남빛 자켓에 하얀 모자를 쓰고 산토리니의 주인공이 되었다.

꿈꾸던 산토리니

오랫동안
꿈꾸던
산토리니!

아내는
하이얀 모자에
남색 자켓을 입었다

파아란 둥근 지붕과
하얀 벽돌이
꿈속인 듯한데

아내의 밝은 미소로
에게해 가을날이
더욱 빛난다

낮엔 블루돔 채플이 산토리니의 대표적인 포토스팟이지만 저녁에는 이아 마을의 일몰 풍경이 가장 아름다운 곳이다. 일몰 2시간 전에 이아마을에 도착하여 촬영하기에 가장 좋은 위치를 잡았다. 마을 골목 골목마다 외등이 켜지며 해는 서서히 지고 있는데 관광객들의 환호성이 점점 사라지고 숨소리마저 들리지 않는다. 자연과 인간과의 조화로움이 이보다 더할 수 있을까?

셔터 소리만이 일몰 후의 빛 속으로 흐른다.

자그만 섬인 산토리니에서 일주일 묵는 것이 지루할 줄 알았는데 벌써 체코로 떠날 시간이 되었다. 짙푸른 에게해에 떠 있는 하얀 크루즈선을 바라보다, 다음엔 저 크루즈선의 갑판 위에서 산토리니 섬을 보여주겠다고 아내에게 약속하며 더 있고 싶은 산토리니를 떠났다.

산토리니 이아마을 2013

환희

아내가 날았다
고된 삶 배낭에 던지고

플라밍고 짝이 되어
대서양 쪽빛 하늘을 향한다

얼굴엔 기쁨 가득하리
가슴엔 벅참 넘치리

아내여 훨훨 나소서
나 그대 넓은 날개가 되리니

나미비아 월비스만에
예쁜 한 마리 홍학이 날고 있다

036

환희

아프리카 케냐의 나꾸르.
인천공항을 출발하여 하루 반나절을 날아왔다.
홍학을 촬영하기 위해서다.

그러나 플라밍고를 만나지 못하고 남아공으로 향했다. 케이프타운에서 빅토리아폭포까지 5300km의 트럭 투어가 예약되어 있기 때문이다.

트럭 투어 셋째 날, 나미비아 스와콥문트를 가기 전에 환상의 새무리를 보고 간다는 안내자의 말이 떨어지기 무섭게 월비스베이에는 새들로 가득했다.
설마?!!! 플라밍고?

바로 홍학의 무리들이 부지런히 먹이 사냥을 하고

있었다. 보면서도 믿기지 않는 환상적인 분홍빛 물결이다. 나를 앞서 나꾸루에서 날아왔단 말인가? 쿵쾅거리는 가슴을 안고 해안가 따라 홍학을 촬영해 나갔다. 바닷가 가득히 홍학들의 천지다.

  카메라의 셔터 소리가 경쾌해진다.

  월비스만 끝자락을 가로지르는 아스팔트길 너머 모래사장에 홍학이 무리지어 앉아 있다. 아내는 나의 의중을 알았는지 빨간 자켓을 입고 갑자기 뛰기 시작했다. 아내가 모래 언덕을 뛰어 오르자 홍학도 날았다.

  아내가 날았다.
  저 푸른 천국을 향해 플라밍고와 함께.
  아마도 아내의 입가엔 행복이 묻어 있으리라. 이 순간만은 이 세상에서 아내가 최고다. 분홍빛 날개의 플라밍고와 짝이 되어 함께 나는 아내의 아름다운 비행이 황금빛 나미브사막을 가로 질러 쪽빛 대서양을 향하고 있다.

환희

아내가 날았다

고된 삶 배낭에 던지고

플라밍고 짝이 되어

대서양 쪽빛 하늘을 향한다

얼굴엔 기쁨 가득하리

가슴엔 벅참 넘치리

아내여 훨훨 나소서

나 그대 넓은 날개가 되리니

나미비아 월비스만에

예쁜 한 마리 홍학이 날고 있다

*모래사장에서 쉬는 홍학을 날게 했으니 동물학대죄로 처벌받아야 한다는 나미비아 경찰에게 아내의 귀여운 바디랭귀지로 우린 당당히 사면되었다.

유혹

유월 사려니숲엔

산수국이 삼나무랑 안개랑 산다

제주 바닷빛 담뿍 먹은

남빛 참꽃이 매혹적인데

벌 나비 꼬드기는

연보라빛 가꽃도 신비롭다

우산이 가꽃인양 두 손에 들고

저만치서 아내가 나를 부른다

예순 넘은 지금도

아내의 유혹은 짜릿하다

037
유혹

'여보, 제주에서 한 달 살기 해볼까?'

툭 내던진 말 한마디에 아내는 비행기 티켓을 예매했고 화순에 사는, 낚시 가르쳐주던 삼촌(제주에서 남자 지인에 대한 호칭)에게서 한 달 거주할 새집이 나왔다는 연락에 짐을 꾸렸다.

제주는 언제나 좋다.

외국에 온 듯한 가로수 풍경, 바로 옆에 바다를 끼고 며칠을 달려도 싫증나지 않는 해안도로, 오를 때마다 재미를 더해주는 애기화산체 오름, 미식가인 나에게 행복을 주는 산재된 맛집들, 낚시대 하나만 들고 법환포구를 찾으면 줄줄이 낚이는 자리돔, 해질녘엔 바닷바람 맞으며 아내와 손잡고 걷는 10코스 제주 올레길.

날씨가 맑으면 사진 촬영을 했다.

해무 낀 해변과 이국적인 산방산, 새벽마다 달려간 형제섬의 일출, 송악산 해변을 장노출로 걸어두고 바라본 한라산의 전경, 샛별 오름 앞에 서 있던 체형 좋은 나무 한 그루, 무엇보다도 집에 가면 식사시간이 늦다고 차 안에서 밥 짓는 아내의 사랑으로 촬영한 차귀도의 일몰 풍경이 좋았다.

오후엔 틈나는 대로 낚시하여 잡은 생선으로 회뜨고 굽고 조리고…
화순의 너른 선착장에 밤이 오면 쌍낚시 바늘에 가끔은 고등어가 두 마리씩 낚여 손목이 아프도록 손맛이 좋은데, 숙소 이웃 삼촌이 고등어회를 뜨고 간장 소스까지 준비하여 파티를 해준다.

언제 갔는지 약속한 6월이 끝나갈 무렵, 찾아간 사려니숲.
뿌연 운무 속에 삼나무 기둥을 뒤로하고 파란 사파이어가 알알이 박힌 듯, 길가에 피어 있는 산수국으로 사려니숲은 천국의 정원이 되었다.

산수국의 독특한 꽃차례(꽃이 줄기나 가지에 붙어 있는 상태)는 자세히 보면 남색의 작은 참꽃과 그를 둘러싸고 있는 크고 화려한 연보라색의 가꽃(무성화)으로 구성되어 있다.

이 가꽃은 벌 나비를 불러들여 참꽃을 수정시킨다고 한다.

아내는 우산을 가꽃으로 삼고 저 멀리서 포즈를 취한다. 바람 소리도 없다. 새소리도 없다.

풀벌레 소리조차 없는 이른 아침, 신비로운 사려니 숲길에 언신 터지는 셔터 소리만이 벌 나비가 되어 아내의 우산에 앉았다.

유혹

유월 사려니숲엔
산수국이 삼나무랑 안개랑 산다

제주 바닷빛 담뿍 먹은
남빛 참꽃이 매혹적인데

벌 나비 꼬드기는

연보라빛 가꼴도 신비롭다

우산이 가꼴인양 두 손에 들고

저만치서 아내가 나를 부른다

예순 넘은 지금도

아내의 유혹은 짜릿하다

집으로 가는 늦은 저녁길,

아내에게 찐한 유혹을 느껴볼 셈인지 란제리샵에서 a컵인지 b컵인지를 가늠하고 있다.

주일 예배 후 교회 식당에서 점심을 먹다가
'아침에 남편이 해준 양장피를 먹었다'고
아내가 말하자
옆자리에서 같이 식사하던 친한 교우가
놀란 표정으로
"양장피는 귀한 손님을
초대할 때나 시켜 먹는 요리인데?!!!"
나는 빙긋이 웃으며 한마디만 말했다.

"최고의 손님은 내 아내입니다."

-양장피-

4부

우리 잘 살았지요

최고의 내편

  지인들의 핸드폰에 저장된 남편들의 애칭이다.
  태양, 하나뿐인 당신, 영원한 당신, 나만의 당신, 넌 내꺼야, 남푠, 나무늘보, 존귀한 울 남편, 사랑하는 여봉, 내 남편, 영원한 내편, 빽그라운드, 내 사랑, 애인, 애당(사랑하는 당신), 내 반쪽, 서방님, ○○아빠, 내 남자, 공주 서방님, 머슴, 여보, 우리집 오빠, 하늘, 띵구, 대통령, 동경오빠, 나의 남친, 마이달링, 이서방, 내 애인, ○○○사장, 천군만마, 핑크돼지(애주가), 세 아이 아빠, 축복의 통로, 자기.

  남편에 대한 호칭을 나열하다 보면 부부의 연배나, 부부 사이의 애정 풍속도를 어느 정도 짐작할 수 있다. 결혼 초에는 '평생웬수'였는데 '사랑하는 여봉'으로 변했다는 분도 있고 로맨틱한 젊은 날엔 '나만의 당신'이 '이서방'으로 변한 분도 있다.

물론 뇌출혈로 한번 쓰러진 뒤로 위급한 상황에서, 빨리 집에 알릴 수 있는 방편으로 '영원한 사랑'을 '남편'으로 바꾼 경우는 예외로 치더라도 '사랑하는 여봉'과 '○○○사장'은 느낌이 달라도 많이 다르다.

지인들이 보내온 남편들의 애칭을 볼수록 아내는 나의 닉네임을 무엇으로 저장해 놓았을까 궁금하다. 그도 그럴 것이 나는 아내의 사생활을 지켜주는 방편으로 아내의 핸드폰을 열어 보기는커녕 걸려온 전화조차도 받지 않기 때문이다.

오늘은 화요일이다.
오전에 아내는 고장난 핸드폰을 새로 바꾸고 여느 때처럼 청춘합창단 연습이 있어 과천으로 갔는데 얼마 후 전화가 왔다. 낯선 전화번호인데 아내의 목소리다. 새로 산 전화기를 놓고 옛 핸드폰을 들고 나왔는데 고속도로에서 펑크가 나서 남의 핸드폰으로 보험회사에 알려 조치하는 중이라고 상황 설명을 한다. 오늘따라 엘토팀 단원들에게 마시게 할 꽃식초를 얼음과 함께 준비하고 일찍 길을 나섰는데 낭패한 일이다. 얼마나 당황했을까, 맘이 안쓰럽다.

아내의 전화기를 찾으려 신호를 보내자 바로 앞 탁자 위에서 신호가 울리면서 글씨가 뜬다.
'최고의 내편'
순간 마음이 뭉클해진다.

때론 아내가 맘에 차지 않을 때도 있고
때론 아내가 답답할 때도 있고
때론 아내가 서운할 때도 있지만
내 이름을 '최고의 내편'으로 불러주는 아내인데 무엇을 더 바라랴!

'최고의 내편'이라는 글자를 오후 내내 되새김하고 있다.

새해에는 이렇게 사랑하며 살고 싶다

참으로 긴 하루다. 그리고 너무 짧은 하루다.

꽃식초 사업을 시작하면서 제조, 판매, 배송, 새상품기획 및 장부 정리 등에 손이 열두 개도 모자란다. 그런데도 틈만 나면 아침부터 쌍둥이 손녀와 사랑 놀음에 빠진다. 나를 볼 때마다 두 손과 두 발까지 격하게 휘저으며 방긋방긋 웃어주기 때문이다.

한 가지를 얻으면 한 가지는 포기해야 한다.

쌍둥이를 키우느라 며느리와 교대로 잠을 자면서 출근하는 아들이 안쓰러워 급기야 아들 식구 모두를 집으로 불러들여 온 뒤 아내에게는 밤낮이 없다.

우유를 잘 먹지 않는 손녀를 안고 3~40분을 얼러가며 먹이는 할미의 사랑. 며느리가 아프자 아내는 안고 자던 첫째를 건너방에 재워 놓고 거실에서 쪽잠을 자고 있다. 며느리와 함께 자는 둘째가 깨면 며느리가 잠 못 이룰까봐 거실에서 자다가 울음소리가 나면 둘째를 볼 심산이다.

그 힘든 와중에 아침 일찍 길을 나서는 나에게 언제 끓였는지 구수한 누룽지를 내놓는 아내다. 아들 사랑, 며느리 사랑, 손녀 사랑에, 아들 식구들이 온 지 석 달 동안 외식은커녕 아내와 함께 외출 한 번 못했다. 그런 아내가 안쓰럽고 미안하다.

'이 추운 겨울날

덥힌 토란국

당신 앞에

놓았을 뿐인데'

어느 전철 승강장의 스크린 도어에 쓰여 있던 '사랑'이라는 시의 전문이다.

그렇다. 사랑은 거창한 것이 아니다.
사랑은 관심이요, 상대방의 필요를 채워 주는 거다.

그러기 위해 상대방에게 집중하는 것이다. 그것도 말이 필요 없이 '당신 앞에 놓기만' 하면 된다.

새해에는 이렇게 사랑하며 살고 싶다.
내 아내가 오늘 필요한 것이 무엇인지 생각하며 살겠다. 바쁘게 일을 하면서도 아내는 지금쯤 무엇을 하고 있을까 생각도 하며 살겠다. 집에 들어갈 땐 아내에게 들려줄 가장 기분 좋은 말을 생각하며 살겠다. 그리고 아내에게 건넬 '오늘의 토란국'이 무엇인지 늘 마음 깊이 준비하며 살겠다.

남편죽

   어린 시절, 내가 아플 때면 어머니는 꽃게를 쪄주시고 녹두죽을 자주 쑤어주셨다. 거꾸로 어머니가 가슴앓이로 힘들어 하실 때는 구공탄 불에 내가 흰죽을 끓여 드리곤 했다. 어릴 때부터 죽과 인연이 깊었지만 죽은 시간과 정성이 필요하고 자주 먹는 것도 아니어서 선뜻 만들기는 쉽지 않다.

   얼마 전 손녀들과 제주도를 다녀왔다. 차를 타고 가다가도 비행기만 보면 서로 내가 먼저 발견했다고 '떴다 떴다 비행기'를 합창하며 좋아하는 쌍둥이 손녀들에게 진짜 커다란 비행기를 태워주겠다는 약속을 지킨 것이다.

   여행 끝에 피곤해서인지 아내가 탈이 났다.

갑자기 죽을 끓여야겠다는 생각이 들었다. 특별히 아내가 평생 먹어보지 못한 타락죽을 끓이기로 했다. 삶은 밤과 찹쌀가루를 믹서기에 갈고 우유와 함께 끓여내니 아주 고급스런 레스토랑의 수프 같다. 임금님이 먹는다는 죽이라고 했더니 아내는 연신 구수하고 맛있다고 하며 금세 한 그릇 뚝딱이다. 아예 내일은 흑임자죽을 쑤어 달라고 한다.

소화력이 약한 아내가 안쓰러워 셋째 날은 잣죽을 쑤었다. 3일을 계속 죽을 쑤었는데 내일은 콩죽을 쑤어 달란다. 속이 편해졌는지, 목소리가 밝고 힘이 있다.

죽은 먹기에 편하다.
부담이 없다.
소화가 잘 된다.
맛이 있다.
영양도 좋다.
그리고 정성이 있다.

아 그렇구나, 내가 '아내의 죽'이 되어야겠다.

아내에게, 내가 편하고,
내가 부담이 없고,
나의 행함이 다 소화되고,
내가 한결같이 맛있는 사람이 되고,
내가 언제나 영양가 있는 남편이 되고,
나의 정성이 늘 아내를 향한다면,
그 이름은 '남편죽'.

 내일은 비온 뒤 날씨가 쌀쌀해진다는데 들기름에 황태를 달달 볶아 구수한 북엇국을 끓여 줘야겠다.

소확행(小確幸, 작지만 확실한 행복) 1

얼마 전 TV에 '한국기행 소확행하신가요'라는 프로를 보았다.

아내는 차 우린 엷은 녹황색의 찻물 빛이 곱다고 기쁨을 느끼고 남편은 불 땐 아궁이 옆에서 '어쩜 이렇게 고구마를 잘 구웠냐'는 아내의 칭찬에 환한 웃음을 짓고 있다. 작은 일에 확실한 행복을 누리는 우리네의 삶을 담고 있는 내용이었다.

청춘합창단 단원인 아내는 매주 화요일마다 합창 연습하러 과천에 간다. 악보와 긴 가사(특히 My way)를 외어야 하는데도 아내는 어려움 없이 척척 해낸다. 바쁜 일과 중에도 이곳 인천에서 과천까지 직접 운전해 가는데, 피곤하지도 않는지 늘 즐거운 표정이다.

　아내는 성격이 소탈해서 차 앞 유리창에 새가 실례한 자국이 남긴 채 며칠 동안이나 그대로 차를 타고 있다.

　오늘은 화요일인데, 화창한 봄날에 가벼운 옷차림으로 차를 몰고 나갈 아내를 생각하며 아침에 운동하고 들어오다가 차 유리창을 닦았다. 아내의 화사한 봄 옷차림과 밝은 미소에 어울리는 깨끗한 유리창이 되었다.

　집에 들어와 밥을 먹는데 아내가 생선을 발라서 수저에 담아 입에 넣어 준다.
　평소 살갑지 않은 아내인데 오늘은 웬일인가?
　유리창 닦은 걸 미리 알고 있는 건가?

　아무렴 어떠랴!
　난 오늘 소확행의 주인공이다.

소확행 2 −처음으로 팥죽을 쑤었다

영하 9도의 날씨인데 첫 추위라서 그런지 매섭게 느껴진다. 창마저 시려 보인다.

아침부터 아내는 크리스마스 칸타타 연습 중이다.
'날씨가 추운데 팥죽 끓여 줄까?'
아내는 빙긋이 웃고 다음 악보를 넘긴다. 쌀을 씻어 불리고 팥을 삶고 새알심을 만드는 동안 칸타타 곡이 세 번 바뀌었다.

팥죽이 다 만들어졌다. 아내는 팥물과 쌀의 양이 알맞은 120점짜리 팥죽이라고 연신 나를 치켜세우며 동치미를 담고 예쁘게 냅킨도 접어놓고 사진을 찍는다.

　카톡에 올렸는지, 메시지를 읽고 답장을 쓰며 즐거운 표정이다. 아들한테서도 맛있겠다는 카톡이 왔다고 아내는 더욱 신나 보인다.
　남편이 만든 어설픈 팥죽 한 그릇에도 이렇듯 행복한 아내다.

　어머니는 내가 어릴 적 아파서 입맛을 잃었을 때는 녹두죽을 쑤어 주셨다. 다음엔 아내에게 맛있는 녹두죽을 쑤어 주어야겠다.

　창밖엔 금방이라도 함박눈이 내릴 듯하다.

소확행 3 - 사랑의 계기판

 어제 생강나무꽃을 따러 가평의 설곡산에 갔다. 김유정의 단편 '동백꽃'에 나오는 알싸한 노란 동백꽃은 기실 생강나무꽃이다.

 향기로운 꽃차를 만들려면 개화시기를 잘 포착해야 한다. 작년 이맘때쯤엔 꽃이 덜 피었는데 갑자기 따뜻해진 날씨에 꽃들이 만개해버렸다. 그래도 온 산을 이곳 저곳 오르내리며 이제 막 피어난 꽃들로 세 바구니나 채웠다.

 어제 늦도록 꽃차를 덖음까지 하느라 피곤했는지 고난 주간 특별새벽예배 날인데도 아내는 기척이 없다. 살며시 혼자 나와 예배 마치고 돌아오다가 주유계기판을 보니 기름이 많지 않다. 늦게 일어나 부랴

부랴 준비하고 합창 연습하러 갈 아내를 생각하며 주유소에 들러 기름을 넣었다. 계기판의 눈금이 사랑으로 가득하다.

  집에 돌아와 모닝커피를 마시며, 냉장고 옆면에 오늘의 실천사항으로 적어둔 성경 구절을 바라 본다.
  "너희가 서로 사랑하면 이로써 모든 사람이 너희가 내 제자인 줄 알리라"

044

내 눈에 콩깍지

 난 전문가인 큰처남이 학원 개원선물로 소엽풍란을 보내오셨다. 난애호가들이 그렇듯이 자신이 기른 난을 남에게 주기가 쉽지 않은데 고가로 보이는 풍란을 여러 점 보내신 것이다. 어려웠던 여동생이 번듯한 학원을 차린 것이 못내 흐뭇했던 모양이다. 클래식을 사랑하는 멋쟁이 큰처남이 애지중지 기르던 석부작 5점과 목부작 4점이 베란다에 가득하여 매년 7, 8월이면 풍란으로 여름밤이 향기롭다.

 대엽 풍란은 6월 중순부터 향기를 자랑하며 꽃을 피우고 있지만 7월이 개화기인 소엽풍란은 잠잠하다.

 그런데 올봄에 입양한, 촉이 둘인 빈약한 소엽풍란을 기대도 안했는데 꽃대가 오르더니 하얀 5송이의 천사들이 매혹적이다.

  오늘도 물을 주며 꽃필 생각도 않는, 덩치 큰 15년 된 소엽 풍란들을 보다가
"꽃대가 나오지 않는 이유는 순전히 당신 때문이야."
  내 뜻하지 않은 멘트에 순간적으로 아내의 표정이 묘하다.
"덩치 큰 풍란들은 당신이 넘 예뻐 미리 겨루길 포기한 것이고, 꽃을 피운 저 쪼그만 녀석은 뭘 몰라도 한참 몰라서 제 멋대로 꽃을 피운 거야."

  아내는 어이가 없는지 배꼽을 잡고 웃기 시작한다. 활짝 웃는 그 웃음에 행복이 있다. 그 웃음에 사랑이 넘쳐 난다.
  그래서 우리는 하나요, 나는 아직도 콩깍지가 안 벗겨진 남편인가 보다. 바위에 몸을 기대고 청초하게 피어난 풍란 5송이가 우리 부부를 바라보며 하얗게 웃고 있다.

신랑짱

가을비가 아침에 내렸다. 주일날 성가 연습이 없어 사무실에 갔다가 5시쯤 집에 왔는데 아내가 없다. 늦었지만 뒷산에 올라 1시간 등산하고 내려 왔는데도 아내가 오지 않았다. 아마도 기타를 주일날 4시부터 배우느라 늦는가 보다.

아내는 전업 주부지만 항상 바쁘다. 결혼 초에는 나의 강의 과제를 타이핑하느라 바빴고 학원을 시작하면서 2년 동안은 학원 일을 보며 틈나는 대로 학부모 병문안 길에 밑반찬 만들기까지 동분서주했다.
그리고 요사이는 친구며, 처갓집 언니들 살펴보느라 바쁜데 요새는 하나 더 늘어서 우쿨렐레에 이어 기타 배우느라 오늘도 쉴 틈이 없다.

아내가 배고플 텐데, 부랴부랴 쌀 씻어 밥을 안치고 설거지한 뒤 음식 쓰레기 버리고 아내가 좋아하는 청소까지 하고 나서야 샤워를 했다. 나이 들어가면서 단백질을 보충해야 한다는 방송이 생각나 달걀찜을 만들려는데 파가 없다. 슈퍼에서 파를 사다가 썰고 있는데 아내에게서 전화가 왔다.

"어디야?"
목소리가 부드럽다.
"응 집이야"
"나도 집에 거의 왔어"

참기름으로 파기름 만들어 김치 볶아 놓고 달걀찜을 안쳤다. 아내가 들어오며
"밥이 없는데 어쩌지?"
"음, 걱정마 내가 했어. 김치도 볶고 달걀찜도 지금 만들고 있어. 밥 차릴게 씻고 와."

늘 아내는 밖에 있어도 내 생각이다. 자기가 늦으면 내가 싫어할까봐 나를 의식하며 산다.
그랬던 아내가 저녁에 밥 준비 없이 늦게 왔는데도

내가 언짢은 기색도 보이지 않고 오히려 밥도 해놓고 청소까지 해놓은 것이 좋았던지, 아내는 우리의 메모장(냉장고 옆에 붙어있다)에 적어 놓았다.

'바다같은 신랑의 마음 신랑짱!'

046
아내의 사랑은 싱겁지 않다

  이마트에서 꽃식초 홍보판매행사로 일찍 일어났다. 오늘로 3일째다.
  꽃식초를 개발하여 판매하다보니 꽃식초를 아는 사람이 없어, 꽃식초를 맛보게 하고 효능과 사용법을 설명하느라 직접 발로 뛰어야 하기에 홍보할 수 있는 곳이라면 아침마다 달려가고 있다.

  식초가 우리 건강에 이너뷰티가 되리만치 각광을 받는 요즘이지만 감식초를 비롯한 기존 식초의 신맛으로 식초에 대한 선호도는 낮은 편이다.
  그러나 장미꽃식초는 물론이고 야관문식초에 이르기까지, 일단 맛이 뛰어나고 탁월한 효능과 외관상의 수려함으로 선물에도 제격이어서 그런지 재구매가 늘어나는 것으로 보아 꽃식초에 대한 인식이 점점 좋아지고 있다.

아내가 언제 일어났는지 손녀딸을 업고 거실에 서 있는데 구수한 냄새가 뱃속에서 진동한다. 오랜만에 밥상에 오른 황태콩나물국이다. 어젯밤에 아들이 끓여 놓았다고 아내는 말한다.
구수하고 간이 딱 맞는다. 입안이 꺼칠한 아침에 밥 한 그릇을 뚝딱 해치웠다.

아들은 날 닮아서인지 요리를 잘한다. 나와 달리 레시피 없이도 요리를 멋들어지게 해낸다. 음식점에서 한번 먹어보고 바로 재현시키는 재주가 있어 가끔 나를 놀라게 한다. 그리고 아들이 만든 음식은 맛집처럼 음식의 간이 정확하다.

그렇지만 아내는 싱겁게 먹기를 강조해서 맛이 떨어질 때가 많다. 출산한 며느리가 집에 들어온 후로는 쌍둥이 손녀의 수유를 위해 아예 식탁에서 소금 그릇마저 없애버렸다.

손주들을 돌봐주는 일은 없을 거라고 큰소리로 장

담하던 아내가 어느새 쌍둥이 아기는 물론, 아들 내외까지 집으로 불러들여 온갖 수발을 정성으로 하고 있다. 고마운 아내의 사랑으로 하루하루 쌓여가는 행복의 부피를 굳이 가늠하지 않아도 우리 3대는 늘 넘치도록 행복하다.

  나를 위해 싱겁게 요리해주는 아내의 사랑은 전혀 싱겁지가 않다.

아내의 회갑을 축하하며

꽃다운 나이에 아내는 나를 만나 결혼했다.
내 나이 서른 하나.
아내 나이 스물 다섯.

아내는 단칸방 신혼생활이 힘든 줄도 모르고 재래시장 한 켠에 앉아 순대 한 접시면 충분했다. 아이 갖고 입덧으로 입맛을 잃었을 때도 물텀벙이 한 냄비면 입맛이 돌았다. 나의 알량한 월급날엔 이웃에 사는 언니네와 함께 닭개장 한 그릇에 배가 불렀다.

그리고 많은 날이 지났다.
이제는 먹고 싶은 과일을 마음대로 살 수 있어 좋다는 말에, 아내를 그동안 얼마나 힘들게 했는지 마음이 아팠다.

작년 가을, 대한민국군가합창단의 일원으로 유럽 순회연주를 마치고 귀국하는 비행기 안이었다. 잠이 오지 않아 비행기 뒤 켠에 나갔다가 서 있는 동료 단원을 보았다.

"내가 자리를 비어줘야 아내가 편히 누울 수 있어서요"

좁은 자리를 아내에게 내어주고 피곤에 절은 다리로 좁은 통로를 빙빙 돌고 있는 동료를 바라보며 나는 많은 생각에 잠겼다.

오랫동안 함께한 많고 많은 여행길에 아내를 편히 쉬도록 자리를 내어준 적이 있었는가?

나는 내가 아내에게 잘해주는 남편이라고 생각하고 있었는데 뒤통수를 한 대 맞은 듯했다. 여행 내내 아내의 허리가 아프다고 손잡고 걷는 모습이 어설퍼 보이던 동료가 이제는 존경스럽다.

오늘은 아내의 회갑이다. 나도 아내에게 나의 좁은 한 자리마저 양보해야한다.

넉넉한 아내의 쉼을 위하여

자유로운 아내의 발걸음을 위하여
그리고 편안한 아내의 잠을 위하여

아내의 예순 번째 생일을 축하하며
기뻐하며 미역국 끓이다 쓴다.

크리스마스트리를 정리하며

또 한 해가 시작되었다. 나이가 들수록 세월이 빨리 가는 느낌이다. 12월 한 달 동안 쌍둥이 손녀들의 기쁨이었던 크리스마스트리를 정리했다. 솔가지를 정리하고 은방울 금방울을 상자에 담다가 어설픈 나의 손놀림에 트리 정리는 처음인 걸 깨닫는다. 크리스마스트리 장식은 내가 주도해서 탄성을 지르는 손녀들에게 선을 보였고 불 꺼진 트리 뒷정리는 늘 아내 몫이었던 것이다.

그러고 보니 살아온 일상이 모두 그랬다. 아내가 며칠 밤을 지새며 항공편을 체크하고 여행 일정표를 건네주면 그제서야 나는 아내가 싸준 짐가방을 둘러메고 여행길에 오르곤 하던 것이 20년이 넘었다.

식사 손님을 맞이할 때도 아내가 요리할 재료를 모두 준비해 놓으면(특히 양장피는 야채 채썰기가 요리의 대부분이다) 소스만 얹어 볶거나 무치면 내 요리가 되어 나는 멋진 요섹남이 되었고 아내는 늘 재주 부리는 곰 신세였다.

체코에서의 사진 촬영과 사진 전시회도 그랬다. 체코풍경 사진은 내가 가장 심혈을 기울인 작품이며 내 사진의 방향성을 정립해 준 지침서였다.

그래서 십여 차례나 같은 촬영지인 체코의 호보라니로 갔다. 갈 때마다 아내는 체코 다음의 여행 일정까지 점검하고 내가 작품에만 몰두할 수 있도록 사진 포인트마다 차를 몰아주어 나는 풍경을 느끼며 사진 구도만 생각하면 되었다. 또한 식성이 까탈스런 나를 위해 한국에서 준비해온 된장과 참기름으로 유채 나물을 무쳐 밥 맛나게 해주고 식사때마다 구수한 숭늉으로 체코에 있음을 잊게 해주었다.

그런 아내의 정성 어린 손길은 뒷전인 채 사진 전시회에서 나만 스포트라이트를 받았다.

그 많은 세월 동안 나는 얼마나 염치없는 남편이었던가?

이제는 매사에 내가 재주부리는 곰이 되어야겠다. 다음 주엔 친구 내외가 하룻밤 지내고 가는데 주요리는 아내가 잘하는 돼지갈비김치찜으로 해야겠다.

나는 양파 썰고 돼지갈비 밑간만 하고.

색다른 날

  올 초 아들 결혼식에 왔던 아내 친구, 여고 동창생들에게 식사 초대 약속을 하고서는 봄과 여름이 지났다.

  오늘은 아내 동창들이 집으로 오는 색다른 날이다. 남자들은 거실에 있다가 식사만 하고 가지만 여자들은 이방 저방 구경하는지라 이사 와서 10년 만에 초대 전날부터 책장까지 정리하고는, 아침부터 청소하고 요리를 시작했다.

  선선해지면서 홍합이 제철로 돌아서고 새우가 통통하게 살이 올라 해물 빠에야를 선보이기에 딱 좋은 계절이다. 카레와 샤프란 향료로 노랗게 단장한 밥알이 올리브유에 기름져 보인다.
  빨갛게 익은 새우와 청피망의 색깔이 유난히 곱다.

군데군데 깜장 홍합이 어우러진 빠에야를 널따란 접시에 담아내니 주부 30단 이상인 아내 친구 7명의 환호성이 터져 나온다.

굴소스시금치 요리와 빠에야에 화려한 색감을 더해주는 양장피를 곁들였다. 행복한 숟가락이 춤을 춘다.

추억으로 만나는 친구들이 아름답다.
그 만남의 시간은 시계 바늘을 거꾸로 돌린 채 아내와 여고 동창생들의 수다는 멈출 줄을 모른다.

슬며시 일어나 늦은 출근을 했다.
그런데 얼마 후 아내에게 전화가 왔다.
"송도신도시 구경하고 쇼핑하고 있어. 저녁 해줄 수 있어요?"

웬만하면 저녁은 사 먹고 갈 수도 있으련만 동창이란 이렇게 거리낌이 없어서 좋은가 보다. 급히 집으로 달려가 밥 안치며 보리굴비 찌고, 된장과 올리고당으로 오이고추를 무쳐내고 혹시 몰라 어제 준비해 두었던 멸치 육수에 어묵국을 끓였다.

"어쩌면 이렇게 국물이 시원하니?"
아내 친구의 말에 남은 국물을 다 퍼 주었다.
남이 해주는 밥이 가장 맛있다고 하던가.
그것도 친구 남편이 해주는 밥이랴!

모두 즐겁고 행복한 얼굴이다.
아내도 신이 난 모습이다.
오늘은 나도 덩달아 행복지수가 높아진 색다른 날이다.

토란탕

  새로운 도전이 시작되었다. 집 근처에 있는 여성의 광장에서 '신나는 상차림'이란 요리강좌에 수강신청을 했기 때문이다. 수강생 24명 중 청일점으로 첫날 오리엔테이션이 끝나고 간단히 필리치즈 스테이크 샌드위치를 만들어 가지고 집에 왔다. 아내는 내가 만든 샌드위치가 맛있다며 내 어깨를 으쓱하게 한다. 아내와 점심을 먹으며 3개월 과정의 강의 계획서를 보다가 '토란탕'이란 세 글자가 눈에 훅 들어왔다.

  결혼하기 전에 학원 강사로 일했는데 추석 무렵 강의가 몇 군데 겹쳐 시골에 가지 못하고 있을 때였다. 여행으로 비어있는 집을 봐달라는 맏언니 부탁의 말을 지금의 아내로부터 전해 듣고 우리는 한달음에 잠실 언니 집으로 달려갔다. 비교적 여유 있던 처형 내외는 추석 연휴를 이용해 해외여행을 떠난 것이다.

그 당시 23살의 아내가 추석날 아침에 계절음식이라고 내어놓은 토란국을 내 평생 처음으로 먹었다.

그리고 결혼 19년 만의 아내 생일날, 토파즈 목걸이와 반지 상자 속에 그 옛날 처형 집에서 먹었던 토란국을 떠올리며 오! 토파즈 4행시를 써넣었다.

오동포동 하이얀 예쁜 손길로
토란국 끓여주던 풋풋한 설렘
파아란 하늘 높이 쏘아 올려서
즈믄 해(千年) 두고두고 바라 보려네

올 추석에는 내가 토란탕을 끓일 것이다.
추석달보다 더 큰 사랑으로…

아내에게는 아내가 없다

　언제나 뜻깊지 않은 생일이 있을까마는 올해는 유독 특별한 아내의 생일이다.

　쌍둥이 육아로 출근하기에 버거운 아들을 위해 일주일에 두 번씩 아들 집에서 자고 오더니 급기야 4식구를 집안에 불러들였다. 아기 돌보미는 오전 9시 30분에 와서 오후 6시에 퇴근하므로 나머지 시간을 손녀딸을 보살피며 6식구의 밥을 매 끼니 준비해야 한다.

　또한 아내는 갑자기 많아진 꽃차 강의는 물론이고 내가 식품제조업을 차린 후로는 꽃식초 홍보행사장인 카페쇼에서 판매까지 도와주랴 너무 바빠 힘들어하는 아내가 안쓰럽기만 하다.

그래도 내가 좋아하는 누룽지를 아침저녁으로 끓여주는 사랑에 감복할 뿐인데 잘 차린 생일 밥상보다 당신의 따뜻한 말 한마디가 더 필요하다는 아침녘 아내 말이 온 하루를 무겁게 하며 욱하면 목소리 높아지는 나를 돌아보게 한다.

아내에게는 아내가 없다.
쌍둥이 손녀 돌봄과 남편의 사업과 건강까지 챙기느라 아내에게는 아내가 없다.
회사 야유회라 늦게 출근하는 아들에게 아내 생일 요리를 부탁했는데(아들은 나보다 요리를 잘한다) '며느리가 몸이 안 좋아 시무룩한 아들에게 요리는 왜 시키냐며' 아내는 핀잔 아닌 핀잔을 한다. 며느리 사랑 아들 걱정에 아내에겐 생일 밥상도 없다.

그런데 나에게는 아직도 내가 너무 많다.
그래서 아내를 종종 아프게 한다.
오늘은 생일국 끓이겠다고 수선떨지 않고 맛있는 전복 미역국 사 들고 가야겠다. 가뜩이나 쌍둥이로 어수선한 거실에 아내가 더 힘들어 할 테니.

아내는 글도 잘 쓴다

아내에게는 좋은 점이 많다.

한평생 남편 사랑 자식 사랑이 몸에 밴 아내요, 미식가인 나의 입맛을 충족시켜주는 요리 잘하는 아내다. 누구를 만나도 금새 어울리는 친화력의 소유자요, 내가 좋아한다고 지인이 보내온 고등어자반 한 상자가 다음날 우리집 냉동고에는 달랑 3마리만 남는 나눔의 미덕이 넘치는 아내다.

나는 그런 아내를 좋아한다.

평일엔 생활지도사와 남편 사업 도우미로, 화요일 저녁엔 합창단 연습으로, 주말엔 금요일부터 오는 쌍둥이 손녀와 아들 내외 건사하기도 바쁜 데 학점은행제로 행정학사를 취득한, 매사에 적극적이고 긍정적인 아내다.

막내딸인데도 친정 식구를 보살피는 데 앞장서며, 미국에서 홀로 귀국한 여동생이 내 조카의 질환으로 힘들어할 때 조카를 입원시켜 건강한 사회인으로 복귀시키기까지 시댁에도 최선을 다하는 아내다.

그런데 아내는 글도 잘쓴다.
십여 년 전 사하라사막에서 아내가 보내온 메일인데 가끔씩 꺼내보는 사랑의 울림이다.

당신이 던진 럭비공으로 인해
삶의 지혜를 터득해 살아가는 법을 배웠고
네모난 내 모습이 조금씩 조금씩
둥글게 변해 갔습니다.

당신이 던진 시한폭탄으로 인해
꺼진 불도 다시 보며 약할 때
강한 여자가 되었고
이제 나는 불타 없어지고 내 안에
당신만 향기로 남았습니다.

25년의 세월 동안

내가 당신한테 보낸 수많은

돌팔매는 다 어디에 쌓아두셨나요?

사랑하며 살기에도 부족했던 시간들이었는데

기억나는 작은 돌부터 큰 돌들까지

이 시간 내 마음을 아프게 합니다.

사하라사막의 한가운데 서서

당신을 소리쳐 불러보았답니다.

하늘에 떠 있는 무수한 별들과

사막의 모래알처럼 많은 우리의 사연들을

일일이 다 기억할 수는 없지만

확실한 것은,

당신은 나의 처음 사랑이고 마지막 사랑입니다!!!

하나님이 우리에게 허락하신 날 동안

함께 천국을 바라보며

아름다운 소풍길 떠나요.

괴나리봇짐 속에 당신이 좋아하는 환타 한 병, 김밥 두 줄,

눈깔사탕 두 개, 풍선껌 두 개 넣고서…

이 정도면 설레이며 소풍길 떠날 수 있겠죠?

당신을 제게 허락하신 하나님께 감사합니다.

사랑합니다!!!

결혼 25주년을 맞아
따스한 햇살같은 당신으로 인해 행복한 숙희 드림…

양장피

  음식은 오감으로 먹는다.
  겨울철 따뜻하고 부드러운 호빵은 손으로 먹고, 씹을 때 사각사각 소리나는 갓 담은 오이지는 귀로 먹고, 내가 좋아하는 고등어구이는 코로 먹고, 쓰고도 달콤한 아포가토는 혀로 먹고, 눈부시게 찬란한 양장피와 빠에야는 눈으로 먹는다.
  그러나 음식이 나오면 먼저 '야~~ 맛있게 생겼다' 라고 말하듯이 음식을 먹는데는 시각이 우선이다.

  작년 가을, 한국기행에 소개된 영동의 편백나무치유숲을 친구와 함께 찾아갔다. 오후 늦게 도착하여 바로 저녁식사를 하게 되었다.
  그런데 아니 이럴 수가 산골 밥상이?!!!
  궁중음식을 전수받았다는 안주인의 솜씨로 차려진

저녁 밥상에 모두 입이 쩍 벌어졌다. 정갈해 보이는 음식의 가지 수는 물론 화려한 상차림에 놀란 우리는 사진 찍느라 정신이 없었다. 이후, 승용차로 3시간이나 걸리는 영동을 올여름까지 5번이나 갔다.

  오래 전 요리를 배우기 시작할 때다.
  양장피의 화려한 색감과 겨자 소스의 특별한 맛에 매료되어 손님 초대 상에는 늘 비주얼 만점인 양장피와 빠에야가 독차지한다. 양장피는 기본적으로 색색의 채소를 썰어야 하지만 요리 초보인 나는 겨자 소스 만들기와 아내가 준비한 야채 위에 고명을 볶아 얹는 것이 내가 하는 양장피 요리의 전부였다.

주일날 아침이었다.

남들은 쉬는 날 라면으로 간단히 아침을 해결하는 집이 많다는데, 모처럼 늦잠 자는 아내를 위해 혼자서 2시간이나 걸려서 양장피 요리를 만들었다.

다시마 육수에 겨자 가루를 풀어 발효시킨 다음 식초 설탕 간장 소금을 넣고 채에 바쳐 풀어서 겨자 소스를 만드는 것과 밑간한 고기와 손질한 채소를 볶아 만드는 고명은 익숙해져서 괜찮게 만들어졌다.

그런데 칼질이 서툰 초보 요리사인 내가 색색의 여러 가지 채소를 두께와 길이를 맞춰 썰어야하기 때문에 많은 시간이 필요했던 것이다.

주일 예배 후 교회 식당에서 점심을 먹다가 '아침에 남편이 해준 양장피를 먹었다'고 아내가 말하자 옆자리에서 같이 식사하던 친한 교우가 놀란 표정으로

"양장피는 귀한 손님을 초대할 때나 시켜 먹는 요리인데?!!!"

나는 빙긋이 웃으며 한마디만 말했다.

"최고의 손님은 내 아내입니다."

우리 잘 살았지요

  며칠 전, 신문을 보다가 김혜자 주연의 '길 떠나기 좋은 날' 연극 기사가 눈에 띄었다.
  "우리 연극 한 편 보러 갈까?"
  저녁 준비를 하는 아내에게 넌지시 말을 건넸다. 바쁜 사람이 웬일이냐며 아내는 반색한다. 20년이 넘도록 사진에만 빠져 아내가 좋아하는 연극 한 편 제대로 보여주지 못한 것이 새삼 미안하다.

  모처럼 찾은 극장 안, 쌍쌍이 앉은 관객들이 다정해 보인다. 극이 진행되면서 점점 연극에 빠져드는 나를 보며 아내를 위해서가 아니라 나를 위해 공연장에 왔음을 깨닫게 된다. 생색은 내가 내고 재미 또한 내가 보는 셈이다.

늙은 아버지 서진(송용태 분)은 오늘도 혼자 돌배나무 밑 그네에 앉아 있고 먼저 세상 떠난 아내 소정(김혜자 분)의 환영이 주변을 맴돌며 연극은 시작되었다.

어린 시절 꽃을 좋아했던 서진은 젊은 날에 축구공 하나만을 바라보며 달리고 달린다.
그러나 서진은 경기 중 다리를 다쳐 축구 인생을 잃어버리고 만다. 삶의 의미를 붙일 곳이 한 군데도 없는 절망에 빠지는 서진.
지혜로운 아내는 축구를 할 수 없는 남편에게 카메라를 선물함으로써 꽃을 찍는 사진가로의 새 삶을 찾게 해준다.

두 사람은 시골로 내려와 텃밭에 돌배나무를 심고 꽃과 채소를 가꾸며 예쁜 딸을 낳고 동화처럼 살아간다. 봄마다 돌배나무는 하얀 눈처럼 꽃을 피우고.

그러나 딸은 커서 가난하고 피부색이 다른 남자에게 시집가 부모 곁을 떠나고 착하디 착한 아내마저 난치병으로 힘들어한다.

호스피스 병동으로 마지막 길을 떠나려는 아내를 붙잡고 남편이 오열하고 나도 울고…

나이 들어 내가 이런 상황이라면 나는 아내에게 어떻게 대할까?
'지순하다'라는 형용사가 남자에게도 어울릴 때가 있나 보다.

막이 내렸는데도, 불치병을 앓고 있는 고통을 조용히 삭히며 돌배꽃처럼 단아하고 향기롭게 대처해나가는 아내의 대사가 시처럼 꽃처럼 내 마음 속에 흐른다.

덕수궁 돌담길이 가을비에 떨어진 은행잎으로 온통 노랗다. 주머니에 아내의 손을 꼬옥 잡고 노랗게 물든 길을 걸었다.
연극 속, 아내가 남편에게 지그시 건넨 마지막 대사를 되뇌이며.

'우리 잘 살았지요'

 에필로그

  젊은 날 아내와 처음 만나 5년 동안의 연애를 포함하여 아내와 함께 지낸 지 마흔 다섯 해가 지났다.

  아내는 예순 넷.
  나는 일흔.

  결혼 후 20년간의 어둡고 긴 터널을 지난 어느 날, 아내도 나이가 들어가며 잔소리가 늘어가지만 "이제는 먹고 싶은 과일을 마음대로 살 수 있어 좋다"고 말했던 아내의 표정을 떠올리며 그 질고의 세월을 이겨낸 아내의 희생을 늘 기억하련다.

  "당신은, 식사는 잘하고 있죠?
  참 자유인가요?
  떨어져 있으니 더 그리워지는 거 있죠?
  사랑해요."

나의 삶이 크게 성공한 것은 아니지만 굴곡지지 않게 머나먼 여행지에서도 날 염려해주던 아내의 사랑을 잊지 않으련다.

코로나 시절도 지나갔으니, 쪽빛 에게해를 항해하는 하얀 크루즈 배 갑판에서 산토리니섬을 보여 주겠다는 약속을 계획하고 있다.
아내와 45년을 함께 살았으니 45일간의 크루즈 여행이면 더 좋겠다.

첫 수필집이 나오기까지 도움을 주신 많은 분들께 깊은 감사를 드립니다.

2023년 가을에
전중호

아내가 있는 풍경

초판 1쇄 발행일 2023년 11월 25일

지은이 전중호
펴낸이 곽혜란
편집장 김명희
디자인 김지희

도서출판 문학바탕
주소 (07333) 서울시 영등포구 여의대방로 379 제일빌딩 704호
전화 02)545-6792
팩스 02)420-6795
출판등록 2004년 6월 1일 제 2-3991호

ISBN 979-11-86418-59-8 (03810)
정가 19,000원

* 이 책의 저작권은 저자에게 있으며 이 책의 전부 또는 일부를
  이용하시려면 저작권자의 서면동의를 받아야 합니다.
* 이 책은 국립중앙도서관, 국회도서관 홈페이지에서 검색 가능합니다.
* 문학바탕, 필미디어는 (주)미디어바탕의 출판브랜드입니다.